KB042048

그림으로 배우는
보안 구조
Security

마스이 토시카츠 저·양성건 역

YoungJin.com Y.
영진닷컴

그림으로 배우는
보안 구조

図解まるわかりセキュリティのしくみ

(Zukai Maruwakari Security no Shikumi:5720-7)

© 2018 Toshikatsu Masui.

Original Japanese edition published by SHOEISHA Co.,Ltd.

Korean Translation rights arranged with SHOEISHA Co.,Ltd.

in care of JAPAN UNI AGENCY, INC. through KOREA COPYRIGHT CENTER.

Korean translation copyright © 2020 by YOUNGJIN.COM

ISBN 978-89-314-6197-8

독자님의 의견을 받습니다

이 책을 구입한 독자님은 영진닷컴의 가장 중요한 비평가이자 조언가입니다. 저희 책의 장점과 문제점이 무엇인지, 어떤 책이 출판되기를 바라는지, 책을 더욱 알차게 꾸밀 수 있는 아이디어가 있으면 이메일, 또는 우편으로 연락주시기 바랍니다. 의견을 주실 때에는 책 제목 및 독자님의 성함과 연락처(전화번호나 이메일)를 꼭 남겨 주시기 바랍니다. 독자님의 의견에 대해 바로 답변을 드리고, 또 독자님의 의견을 다음 책에 충분히 반영하도록 늘 노력하겠습니다.

주 소 (우)08512 서울특별시 금천구 디지털로9길 32 갑을그레이트밸리 B동 1001호

대표팩스 (02)867-2207

등 록 2007. 4. 27. 제16-4189호

이메일 support@youngjin.com

저자 마스이 토시카츠 | **역자** 양성건 | **책임** 김태경 | **진행** 최윤정
표지 디자인 임정원 | **본문 디자인** 이경숙 | **영업** 박준용, 임용수, 김도현
마케팅 이승희, 김근주, 조민영, 김예진, 이은정 | **제작** 황장협 | **인쇄** 제이엠

 저자 머리말

평소 컴퓨터를 사용할 때 보안에 대해 어떤 생각을 가지고 있을까요? 강력한 패스워드를 설정하고, 바이러스 백신 소프트웨어를 설치해두면 충분하다고 생각하는 사람이 많을지도 모릅니다.

실제로 어떤 피해를 입은 사람도 소수에 불과하다고 생각합니다. "바이러스 같은 건 감염된 적이 없다, 개인정보가 알려지는 것이 무서우니까 SNS도 가입하지 않는다" "익명으로 된 계정이니까 문제없다" 등 "나는 괜찮다"라는 사람이 적지 않습니다.

그러나, 뉴스를 보게 되면, 매일같이 개인정보의 분실이나 도난, 정보 유출 사건 등이 발생하고 있습니다. 실제로는 뉴스 등에 보도되지 않는 사건이 더 많이 일어나고 있을지도 모릅니다. 애초에 정보 유출이 발생하고 있는 것이나 바이러스에 감염되어 있는 것을 깨닫지 못하고 있는 것일지도 모릅니다.

한편으로, "몰랐다" "눈치채지 못했다"라고 해도 넘어갈 수 없는 것이 보안입니다. 고객의 정보를 다루고 있는데, 보안 정책을 정하지 않았다거나 대책을 아무것도 실시하고 있지 않다라고 한다면 큰 문제가 됩니다.

피해를 입지 않으면 그 위험성을 실감할 수 없겠지만, 피해를 입은 후에는 늦은 것도 사실입니다. 보안에 관한 세미나를 개최하면, 참가자로부터 아래와 같은 고민이 많이 나옵니다.

- ◆ 보안은 할 일이 많아서 무엇부터 손을 대야 좋을지 모르겠다.
- ◆ 돈을 들이면 할 수 있는 대책은 얼마든지 있지만 어디까지 해야 할지 모르겠다.
- ◆ 다양한 대책을 실시하고 있지만 그 효과가 보이지 않는다.

실제로 보안은 비용이라고 생각하는 경영자가 적지 않습니다. 또한, 실무를 맡고 있는 담당자도 원래의 업무와 겸임을 하는 경우가 있어 귀찮은 작업이라고 여기고 있습니다.

이들의 공통점은 "하지 않아도 된다면 하고 싶지 않다"라는 의식입니다. 그 배경에는 보안을 생각했을 때에 실시해야 하는 대책이나 필요한 지식이 다방면에 걸쳐 있다는 것을 들 수 있습니다.

다양한 대책의 필요성이나 효과를 이해하기에는 보안만을 공부하는 것으로는 부족합니다. 네트워크나 프로그래밍, 데이터베이스에 관한 지식이 요구되는 경우도 있고 법률에 관한 지식이나 수학적인 사고방식이 필요한 경우도 있습니다.

게다가 한번 배웠다고 해도 새로운 공격 기법이 계속 등장하기 때문에, 최신 정보를 항상 수집할 필요가 있습니다. 이것을 게을리하면 피해가 발생하게 됩니다.

보안이 어려운 이유로는 정답이 존재하지 않기 때문입니다. 기업의 규모나 업무 내용에 따라서 대책의 내용도 다르고 요구되는 보안 레벨도 다릅니다. 타사가 받은 공격에 대해서 신속한 대책을 실시하여도 자사에는 전혀 효과가 없는 경우도 있을 것입니다.

한편, 아무리 대책을 시행해도, 직원 중 누군가 한 사람이라도 보안 의식이 낮으면 그곳을 노리게 되어버립니다. 보안은 구체적인 대책을 시행하는 것으로는 불충분합니다. "왜 그러한 공격이 성립하는가?" "왜 공격을 하려고 하는가?"에 대한 것을 이해하지 못한다면 무엇으로부터 무엇을 지켜야 하는지 판단할 수 없습니다.

작은 일이라도, 평소에 깨닫게 된 것이 있다면 조금씩 개선해 나가면서 경험을 쌓아 가는 것이 중요합니다. 그래서, 이 책에서는 각 페이지에 1개의 주제를 다루고 그림을 섞어서 설명하고 있습니다. 처음부터 순서대로 읽는 것도 좋고 눈에 띄는 주제나 키워드에 주목하여 읽어도 좋습니다.

물론, 이 책에 적혀있는 것만으로 실무에 적용하는 것은 부족합니다. 이 책에서 다루고 있는 것은 보안 기술에 관한 조그마한 하나의 부분일 뿐입니다. 그래도 이 책을 계기로 해서 1개씩이라도 대책을 실시해서, 기업이나 개인의 보안이 조금이라도 높아지기를 바랍니다.

마스이 토시카츠

역자 머리말

정부에서는 바이러스의 확산을 막기 위해 방역 정책을 수립하고, 방역조직과 방역망을 구축한 후 진행상황을 지속적으로 모니터링하고 관련 정보를 공유하고 있습니다.

이 책을 번역하면서, 보안이란 측면에서 보면 각 회사들이 수행하는 보안 정책 수립, 보안조직과 보안망 구축, 지속적인 모니터링과 보안 정보 공유 등의 활동이 정부에서 수행하는 방역정책과 거의 유사하게 진행되고 있다고 생각하게 되었습니다.

갈수록 다양한 변이가 발생하는 바이러스에 대항하기 위해 끊임없이 감시하고 연구하여 대응방안을 만들어 내고 있듯이, 보안을 위협하는 각종 위협과 위험에 대한 대응방안도 지속적으로 업그레이드 되고 있습니다.

보안에 대해 관심을 가지고 있는 분들이라도 보안과 관계된 법, 제도, 기술, 정책 등에 대한 이해가 어렵게 느껴질 수 밖에 없습니다. 게다가 하루가 멀다 하고 각종 기술과 방안들이 생겨나고 있습니다.

보안에 대한 체계적인 지식이 없다면 해당 기술과 방안에 대한 이해가 어려운 것은 자명합니다. 따라서, 각각의 기술과 방안에 대한 습득도 중요하지만 먼저 보안에 대한 지식의 체계를 갖추는 것이 더욱 중요합니다.

방대하고 어려우며 계속해서 출시되는 새로운 보안 기술들에 대한 깊이 있는 전문 지식을 습득하기 전, 가볍게 이 책을 읽어둠으로써 보안에 대한 의미와 중요성, 관련 기술의 체계 등을 쉽게 이해하는데 조금이라도 도움이 되었으면 하는 바람입니다.

번역을 진행하면서 이 책을 읽는 분들이 쉽게 이해하도록 가능한 쉽게 풀어서 설명하고자 했습니다. 그래도 어렵게 느껴지는 부분이 있다면 역자의 한계이므로 널리 양해해 주시길 바랍니다.

이 책으로 인해 많은 분들이 보안에 대한 체계를 갖추게 되기를 기원합니다.

감사합니다.

양성건

차례

Ch 1 보안의기본 개념
분류하여 생각하기

Ch 2 │ 네트워크를겨냥한 공격
초대받지 않은 방문자
41

Ch 3 바이러스 및 스파이웨어
감염에서 판데믹(Pandemic)으로　　　　　　　　　　　　　　　73

Ch 4 취약점에 대응
결함을 노리는 공격
95

Ch 5 암호/서명/인증서란
비밀을 지키는 기술
125

Ch 6 조직적인대응
환경 변화에 대응하기
155

Ch 7 보안 관련 법률과 규칙
몰랐다는 것으로는 해결되지 않는다

Chapter

1

보안의
기본 개념

분류하여 생각하기

1-1 핵티비즘, 금전탈취, 사이버 테러

공격자의 목적

목적은 "관심"에서 "금전 탈취"로 //

보안을 생각할 때, 무엇으로부터 어떤 것을 지켜야 하는가를 명확하게 하지 않으면, 대책의 효과를 충분히 얻을 수 없습니다. 따라서 공격자가 무엇을 노리고 있는지, 그 목적을 생각하는 것으로부터 시작해야 합니다.

주변에 존재하는 공격의 일종으로 컴퓨터 바이러스를 들 수 있습니다. 바이러스 감염으로 인하여 컴퓨터를 사용할 수 없게 되면 사용자는 곤란한 상황에 처하게 됩니다. 단순히 상대방을 괴롭히기 위한 것이 아니라, 자신의 기술력을 과시하고 싶어 불특정 다수를 대상으로 공격이 빈번히 발생하고 있습니다.

공격으로 인해 특정 웹 사이트의 내용이 바뀌어 버렸다는 뉴스도 자주 등장합니다. 내용이 바뀜으로 인해 발생하는 소동을 즐기는 목적으로 행해지며, 정치적 메시지를 게재하여 자신의 주장을 어필하기 위해 해킹(크래킹)을 하는 것을 핵티비즘(Hacktivism, 정치·사회적 목적을 위해 자신과 노선을 달리하는 정부나 기업·단체 등의 웹 사이트를 해킹하는 행위)이라고 부릅니다.

21세기 들어 공격자의 목적이 "금전"으로 변해갔습니다. 특정 기업이나 조직이 보유하고 있는 개인정보를 훔치고 판매를 함으로써 "개인정보는 돈이 된다"라는 인식이 퍼지게 되었습니다.

또한 공격하고 있다는 것을 눈치채지 못하도록 최대한 은밀하게 공격이 일어나고 있습니다. 게다가 바이러스를 감염시키거나 웹 사이트 내용을 조작하는 행위가 "목적"이 아닌 정보를 갈취하고 금전으로 바꾸기 위한 "수단"이 되어 버렸습니다(그림 1-1).

사이버 테러의 위협 ///

인터넷 등을 이용하여 자행되는 대규모 테러 행위를 사이버 테러라고 합니다. 전력과 가스, 수도 등 일상 생활에 필요한 사회 인프라를 마비시키기 위해 발전소를 노리거나, 철도나 비행기 등 교통 기반시설에 대한 공격으로 인해 큰 피해가 발생합니다.

올림픽 등 사람이 많이 모이는 장소에 대한 사이버 테러가 우려되어, 정부기관 등을 중심으로 다양한 대책들이 만들어지고 있습니다(그림 1-2).

그림1-1 공격 목적의 변화

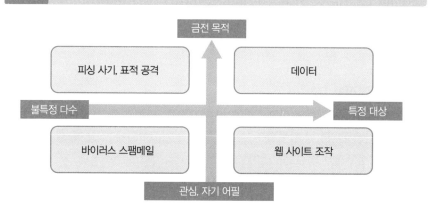

그림1-2 주요 인프라에 대한 보안 체제

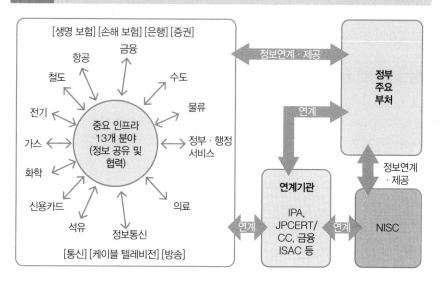

Point

✔ 공격자의 목적을 알고 지켜야 할 대상을 명확히 정한 후 대책을 실시한다.

✔ 회사나 자기자신이 표적이 될 수 있다는 의식을 갖는다.

✔ 사이버 테러로 인하여 발생하는 파급효과가 크다는 사실을 이해한다.

보안에 필요한 개념

보호 대상은 "정보 자산"

공격의 목적을 이해했다면 다음으로 '무엇을 보호할 것인가'에 대해 생각해 봅시다. 회사 등 조직을 운영하기 위해서는 "사람", "물건", "돈" 이외에 "정보"도 필요합니다. 예를 들어, 회사에서 취급하는 정보는 고객 정보와 직원의 개인정보, 설계서, 회계 정보 등이 있는데 이러한 것들을 **정보 자산**이라고 합니다. 기업은 많은 정보 자산들이 있는데 컴퓨터에서 활용되는 것뿐만 아니라 종이나 사람의 기억 등에 저장되어 있는 내용도 있습니다(**그림 1-3**).

따라서 이러한 정보 자산들을 분류하고 관리 담당자를 임명하여 적절하게 보호해야 합니다. 담당자가 책임지고 관리하지 않으면 거래처나 고객이 맡긴 정보가 제대로 관리되지 않을 수 있습니다.

위협과 위험의 차이

정보 자산을 분류하여 관리한다고 해도 침입자의 불법적인 접속으로 중요한 정보가 노출될 수 있습니다. 또한 내부 직원에 의한 정보 유출 등으로 인해 조직에 손해가 발생할 가능성도 있습니다. 그러나 정보 자산에는 "비밀로 설정할 필요가 있는 것"과 "유출되면 곤란한 것"뿐만 아니라 "공개되고 있는 것"도 있습니다.

이와 같이, 정보 자산에 악영향을 주는 원인이나 요인을 **위협**이라고 하며, 그러한 위협의 발생 가능성의 유무(발생 확률)를 **위험**이라고 합니다.

기업의 중요 정보 자산이 유출되는 사건이 발생하면, 기업의 신용도가 떨어지고 경쟁력을 상실하게 되며 배상의 책임을 지는 등 무거운 부담이 초래될 수 있습니다. 그래서 지켜야 할 정보 자산에 대해 발생 가능한 위협을 정리하고, 위협의 발생 확률과 발생된 경우의 영향도 등을 평가하여 위험을 분석합니다(**그림 1-4**).

위험은 업종이나 업무에 따라 크게 다르기 때문에 다양한 분석 방법이 존재하고 있습니다.

그림 1-3 정보 자산의 분류

소프트웨어 자산
(OS, 각종 소프트웨어 등)

인적 자산
(사람, 보유 자격, 경험 등)

서비스
(각종 서비스, 웹 서비스 등)

물리적 자산
(컴퓨터, 서버 등)

정보 자산
(파일, 데이터베이스, 계약서 등)

무형 자산
(조직에 대한 평판, 이미지 등)

그림 1-4 정보의 중요도와 정보 자산 내용의 차이

공개

(예)
기자발표,
홈페이지

대외비

(예)
사내 게시판,
작업절차

비밀

(예)
판매 데이터,
고객 정보

1급 비밀

(예)
설계서,
신제품 정보

**업무 내용, 위협의 발생빈도,
위험의 크기 등에 의해 분류나 대책은 변한다**

Point

✔ 정보 자산을 분류하고 관리 담당자를 임명하며 책임지고 보호한다.
✔ 정보의 중요도와 위협의 발생 빈도, 위험의 크기 등에 따라 적절한 대책을 마련한다.

위협의 분류

위협은 다음의 3가지로 크게 구분될 수 있습니다. **그림 1-5, 그림 1-6**을 참조하여 구체적으로 살펴보겠습니다.

사람이 원인이 되는 "인적 위협"

사람에 의해 발생하는 위협을 **인적 위협**이라고 합니다. 인적 위협은 다시 **의도적인 위협**과 **우발적인 위협**으로 나누어집니다.

의도적인 위협이란 기밀 정보를 빼내는 "무단 반출"이나 정보를 훔쳐 보는 것, 소셜 엔지니어링(환경 미화원을 사칭하여 서류를 훔치고, 암호를 입력할 때 엿보는 등 컴퓨터나 네트워크를 사용하지 않고 침입에 필요한 ID와 비밀번호 등을 물리적인 방법으로 획득하는 행위)이 이에 해당합니다.

우발적인 위협이란 메일을 잘못 보내거나 USB 메모리를 분실하는 것 등을 들 수 있습니다. 원인으로는 직원들의 낮은 보안 의식과 사내 보안 규정이 정해지지 않은 상태 등이 있습니다.

사이버 공격에 의한 "기술적 위협"

악의적인 사용자의 공격에 의한 위협은 **기술적 위협**이라고 합니다. 예를 들어 부정 접속 및 네트워크 도청, 통신 조작뿐만 아니라, **취약점**이라고 불리는 보안상의 결함을 노린 위협도 있습니다(4-1 참조). 컴퓨터 바이러스나 악성 코드에 감염시키는 것도 이에 해당합니다.

정보 자산이 파괴되는 "물리적 위협"

정보 자산의 파괴 등으로 인해 발생하는 위협을 **물리적 위협**이라고 합니다. 지진이나 화재, 수해, 질병으로 인한 팬더믹(Pandemic, 세계적으로 전염병이 대유행하는 상태를 의미하는 말로, 세계보건기구(WHO)의 전염병 경보단계 중 최고 위험 등급) 등의 재해는 **환경적 위협**이라고 불리기도 합니다. 그 외 컴퓨터의 파괴나 절도 등도 생각할 수 있습니다.

그림1-5 정보 유출의 80%는 인적 위협이 원인

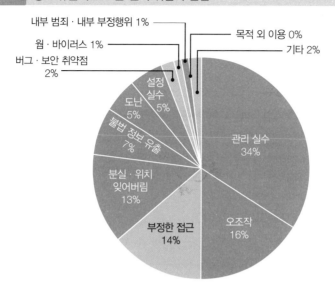

내부 범죄·내부 부정행위 1%
목적 외 이용 0%
웜·바이러스 1%
기타 2%
버그·보안 취약점
2%
설정
실수
5%
도난
5%
불법 정보 유출
7%
분실·위치
잊어버림
13%
부정한 접근
14%
관리 실수
34%
오조작
16%

그림1-6 안전관리 조치의 분류

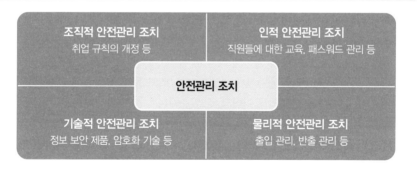

조직적 안전관리 조치	인적 안전관리 조치
취업 규칙의 개정 등	직원들에 대한 교육, 패스워드 관리 등

안전관리 조치

기술적 안전관리 조치	물리적 안전관리 조치
정보 보안 제품, 암호화 기술 등	출입 관리, 반출 관리 등

Point

✔ 휴먼 에러(Human Error)나 재해 등의 위험은 없어지는 것이 아니다.

✔ 위협을 분류하고 각각의 위협에 대한 대책을 검토한다.

1-4 기회, 동기부여, 정당화

내부 불법행위가 일어나는 이유

직원에 의한 내부 불법행위

정보 유출의 원인 중 하나인 직원에 의한 **내부 불법행위**는 직원의 의식이 바뀌지 않는다면 법률이나 규칙을 정비하더라도 막을 수 없습니다(**그림 1-7, 그림 1-8, 그림 1-9**). 기밀 정보를 유출하거나 회계 데이터를 조작하는 사례를 생각하면, 기술적인 대책을 실시하여도 기술상의 허점이 발견되면 피해가 발생됩니다.

내부 불법행위가 일어나는 이유 ① 기회

불법행위를 저질러도 아무도 모르거나 쉽게 실행할 수 있는 환경에 있다는 것 자체가 불법행위를 저지를 수 있는 **기회**가 제공되고 있는 상태라고 할 수 있습니다.

예를 들어, 불법행위를 체크하는 관리나 감사 등이 이루어지고 있다고 하더라도, 실제로는 형식적으로 진행되는 유명무실한 상황이 있을 수 있습니다. 이와 같은 경우, 무심코 불법행위를 저지르게 될 가능성이 있습니다.

내부 불법행위가 일어나는 이유 ② 동기부여, 압박

거액의 대출을 받았거나, 도박 습관이나 낭비벽이 있는 등 경제적인 어려움을 겪고 있는 상태는 불법행위를 하게 되는 **동기**가 될 수 있습니다. "월급이 낮다", "인사 평가가 낮다" 등 처우에 대한 불만이나 조직이나 내부의 동료 직원들에게 원한을 가지고 있는 경우도 내부 불법행위로 이어질 수 있습니다.

내부 불법행위가 일어나는 이유 ③ 정당화

불법행위를 해도 용서받을 수 있을 것 같다, 자신은 불법행위를 해도 괜찮다, 다들 하고 있는 사소한 일이기 때문에 괜찮다 등 자신이 한 불법행위를 스스로 인정하려고 하는 생각이 **정당화**입니다.

그림1-7 내부 불법행위가 발생하기 쉬운 이유

① 데이터 보관 장소를 알고 있다.

② 데이터에 접근권한을 갖고 있다.

③ 데이터의 가치를 이해하고 있다.

그림1-8 불법행위의 트라이앵글(Donald Ray Cressey)

동기 · 압박

불법행위

기회

정당화

그림1-9 불법행위를 감소시키는 방안(상황적 범죄예방의 이론을 응용)

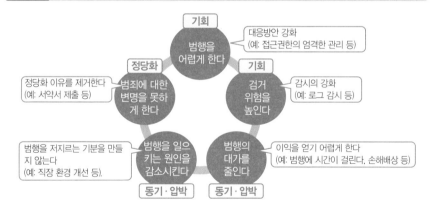

기회

범행을 어렵게 한다 — 대응방안 강화 (예: 접근권한의 엄격한 관리 등)

기회

검거 위험을 높인다 — 감시의 강화 (예: 로그 감시 등)

정당화

정당화 이유를 제거한다 (예: 서약서 제출 등) — 범죄에 대한 변명을 못하게 한다

범행의 대가를 줄인다 — 이익을 얻기 어렵게 한다 (예: 범행에 시간이 걸린다, 손해배상 등)

범행을 저지르는 기분을 만들지 않는다 (예: 직장 환경 개선 등). — 범행을 일으키는 원인을 감소시킨다

동기 · 압박

동기 · 압박

Point

✔ 기회, 동기부여, 정당화 등의 조건이 갖추어진다면 누구나 내부 불법행위를 저지르게 될 가능성이 있다.

✔ 동기나 정당화에 의해 발생하는 내부 불법행위를 방지하는 기술적인 대책을 세우기는 어렵지만, 불법행위를 하는 기회를 줄일 수 있다.

보안의 3요소

정보 보안의 CIA(3요소) \\

정보보안관리시스템(ISMS)에 관한 일본어판 국제 규격인 JIS Q 27000에서는 "정보보안"을 정보 **기밀성**(Confidentiality), **완전성**(Integrity), **가용성**(Availability)을 유지하는 것"으로 정의하고 있습니다. 각각의 첫 글자를 따서, **정보 보안의 CIA**라고 부르기도 합니다.

허가된 것만 사용 가능한 "기밀성" \\

허가된 것만 사용할 수 있도록 설계되어 있는 것을 "기밀성"이 높다고 말합니다. 여기에서 허용된 것만을 사용하는 주체는 사람만이 아닙니다. 컴퓨터 등의 기계에 대해서도 **접근에 대한 허용(권한)**을 적절히 하여야 합니다(그림 1-10).

내용이 올바른 상태를 유지하는 "완전성" \\

변조 또는 파괴가 이루어지지 않고 내용이 올바른 상태를 "완전성"이 유지되고 있다고 합니다. 파일 내용이 무단으로 갱신되지 않았다는 것, 네트워크를 경유하면서 정보가 손실되지 않았다는 것을 증명해야 합니다(그림 1-11).

장애 발생으로 인한 영향을 받지 않게 하는 "가용성" \\\\\\\\\\\\\\\\\\\\\\\\\\\\\\\

오류가 발생하기 어렵고, 장애가 발생해도 파급되는 영향이 작게 관리되어 복구하는데까지 걸리는 시간이 짧은 것을 "가용성"이 높다고 합니다. 기밀성과 무결성이 유지되고 있다고 하여도 시스템 자체를 사용할 수 없다면 의미가 없습니다. 사이버 공격을 받아 **시스템이 정지하면 가용성이 손상되므로** 그렇게 되지 않도록 언제라도 사용할 수 있어야 합니다(그림 1-12).

그림 1-10 기밀성이 보호되는 사례

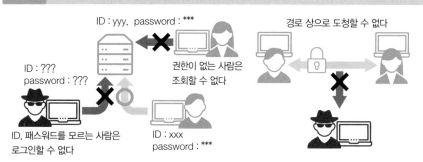

ID : yyy, password : ***

권한이 없는 사람은
조회할 수 없다

ID : ???
password : ???

경로 상으로 도청할 수 없다

ID, 패스워드를 모르는 사람은
로그인할 수 없다

ID : xxx
password : ***

그림 1-11 완전성이 손상되는 사례

경로상에서 조작 변경

웹 사이트의 조작 변경

그림 1-12 가용성이 낮은 사례

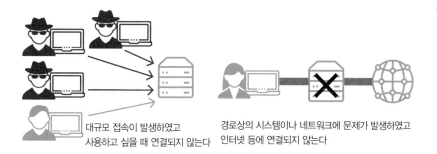

대규모 접속이 발생하였고
사용하고 싶을 때 연결되지 않는다

경로상의 시스템이나 네트워크에 문제가 발생하였고
인터넷 등에 연결되지 않는다

Point

✔ 기밀성, 완전성, 가용성 3요소가 모두 유지되지 않으면, 정보 보안이 불충분하고 위험이 발생하기 쉬운 상황이라고 할 수 있다.

✔ 3요소에 기반한 점검을 함으로써 빠짐없는 보안 대책을 실시할 수 있다.

3요소(CIA) 이외의 특성

보안의 추가적인 요소

JISQ 27000의 정보 보안에 대한 정의는 3요소 이외에 **"진정성, 책임 추적성, 부인방지, 신뢰성** 등의 특성을 유지하는 것을 포함할 수도 있다"라는 주석이 기술되어 있습니다.

정확하게 기록하고, 확인할 수 있도록 한다

제3자가 누군가의 이름을 도용하여 자료를 작성하였다면, 그 자료의 정확성 여부를 판단할 수 없습니다. 그래서 작성자 본인이 직접 작성하였다는 것을 확인할 수 있도록 작성자에게 권한을 부여하여 누가 작성하였는가를 명확하게 하는 행동을 "진정성 확보"라고 합니다(그림 1-13).

자료 등을 누군가가 마음대로 변경한 경우, 언제 누가 무엇을 어떻게 작업했는지 증거를 남겨둘 필요가 있습니다. 이것을 책임 추적성이라고 하며, 네트워크나 데이터베이스 등에 대한 접속 로그(Access Log)로써 저장합니다.

또한 당연히 남겨두어야 하는 로그를 남기지 않고 있거나, 의심스러운 통신을 중단하기 위해 통신에 대한 감시를 하고 있음에도 침입이 발생하는 경우 등 시스템이 제대로 작동하지 않으면 사전에 목표로 설정했던 결과를 얻지 못할 수도 있습니다. 이와 같은 문제(고장)들이 발생되기 어려우며 요구되는 기준을 충족하는 것을 "신뢰성이 높다"라고 합니다.

본인의 행위임을 나타내는 "부인방지"

데이터가 조작되었을 때 그러한 변경을 수행한 사람에게 확인을 해도 부인하는 경우가 있습니다. 즉, "하지 않았다"라고 발뺌하는 얘기를 할 수 없도록 하는 것을 부인방지라고 합니다. 작성할 때 전자 서명(5-6 참조)을 추가하면 증거가 되어 그러한 사실을 부인할 수 없습니다(그림 1-14).

그림 1-13 진정성의 개념도

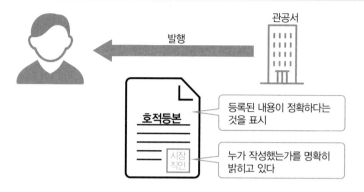

관공서

발행

호적등본

등록된 내용이 정확하다는 것을 표시

누가 작성했는가를 명확히 밝히고 있다

시장직인

그림 1-14 부인방지

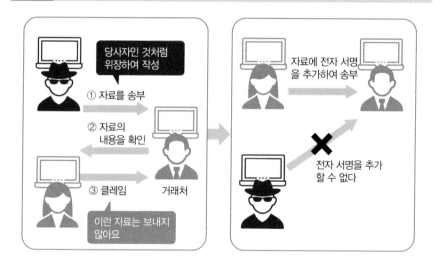

당사자인 것처럼 위장하여 작성

① 자료를 송부

② 자료의 내용을 확인

③ 클레임

거래처

이런 자료는 보내지 않아요

자료에 전자 서명을 추가하여 송부

전자 서명을 추가할 수 없다

Point

✔ 정보 보안에 대한 정의는 기밀성 · 무결성 · 가용성 뿐만 아니라 신뢰성 · 책임 추적성 · 부인방지 · 신뢰성을 포함할 수 있다.

✔ 진정성 확보와 관련하여 전자 서명이나 타임 스탬프 등을 사용하면 내용의 정확성 여부와 작성자를 알 수 있다.

✔ 부인 방지를 위해 전자 서명을 이용하면 스푸핑(Spoofing) 등을 방지할 수 있다.

비용, 편리성, 안전성의 개념

안전성은 비용이나 편리성과 상반됨

기업에서 보안을 다룰 때, "어느 선까지 대응해야 할지 모른다"는 문제가 있습니다. 이러한 배경에는 실시하는 보안 대책이 조직마다 다르기 때문에 대책의 내용적인 수준과 비용에 대한 기준이 없기 때문입니다.

예를 들어, 부정 접속에 의한 정보 유출을 방지하기 위해 "중요한 데이터는 네트워크에 연결되어 있지 않은 컴퓨터에 저장한다"는 대책을 실시한다고 가정해 봅시다. 안전성은 높아지지만 그 데이터에 접속하기 위해서는 네트워크에 연결되어 있지 않은 컴퓨터를 별도로 준비해야 하며, 복수의 단말기들에 대한 조작이 필요하게 됩니다.

이처럼, 안전성을 추구하면 비용이 들 뿐만 아니라 편의성이 저하될 수 있습니다. 반대로 비용을 절감하고, 편리성을 추구한다면 안전성이 저하될 수 있습니다(**그림 1-15**).

이처럼 상반되는 상황을 **트레이드 오프**(Trade off)라고 합니다. 보안의 필요성에 대한 인지를 하고 있다고 하더라도, 비즈니스 측면에서 우선 순위를 고려하면 보안은 이익 창출에 관련이 없기 때문에 우선 순위에서 뒤쳐지게 되는 상황도 존재합니다.

요구되는 균형 감각

보안을 강화하기 위해 도입한 시설이 고가인 경우, 사전에 비용 대비 효과를 고려하지 않으면 해당 시설을 이용하여 지켜야 하는 정보의 가치 대비 설비 비용이 높아지게 된다는 것도 고려해야 합니다. 10만원을 지키기 위해 100만원짜리 금고를 구입하는 것은 본말이 전도되는 상황이므로 "정보가 유출되는 위험"과 "정보를 보호하는 비용"에 대한 균형 잡힌 생각을 하지 않으면 안됩니다.

그러나 보안 사건이 일단 발생되면, 시스템의 수정이나 복구뿐만 아니라 손해 배상, 클레임 대응, 기업 이미지 복구 등에 막대한 비용이 소요됩니다. 이러한 점을 고려한 후 보안 관련 균형성 여부를 검토해야 합니다(**그림 1-16**).

그림1-15 각 담당자의 관점

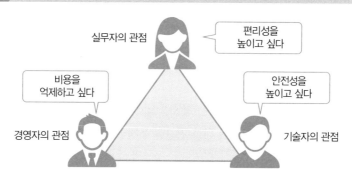

그림1-16 비용과 편리성의 균형을 조정한다

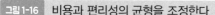

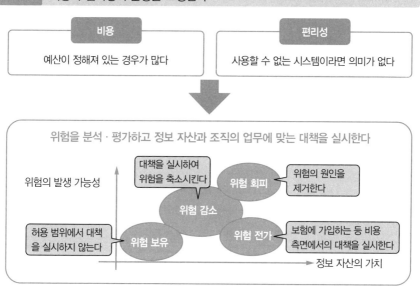

Point

✔ 보안을 높이고 안전성을 추구하면, 비용과 편리성이 희생된다. 비용과 편리성을 우선하면 안전성이 낮아진다.

✔ 조직마다 반드시 지켜야 하는 정보 자산이 다르기 때문에 위험을 분석 · 평가하여 균형 잡힌 대책을 실시해야 한다.

1-8

접속권한, 인증, 인가, 최소권한

적절한 사람에게만 권한 부여

접근 가능한 사람은 누구인가?

같은 회사에 속해있다 해도 파일이나 데이터베이스, 네트워크 등에 누구나 접근할 수 있는 것은 아닙니다. 이것들에 대한 접근은 특정인으로 한정하여 접근할 수 있는 권한을 부여합니다. 이것을 **접근권한**이라고 부르며, 일반적으로 이용자 단위나 부서 단위로 설정하고 있습니다.

특정 개인을 식별하는 "인증"

특정한 개인을 식별하는 방법을 **인증(Authentication)**이라고 합니다. 허가된 이용자인지 여부를 판단하는 방법으로써 ID와 패스워드가 일반적으로 이용됩니다(그림 1-17). 최근에는 ID 카드나 지문 등을 사용한 인증방법이 사용되고 있습니다.

접근권한을 제어하는 "인가"

인증된 이용자에 대한 접근권한을 제어하고, 이용자에게 맞는 권한을 제공하는 것을 **인가(Authorization)**라고 합니다. 읽고 쓰기가 가능한 권한뿐만 아니라 보기만 가능한 권한을 부여할 수도 있습니다. 적절한 권한이 부여되지 않으면 중요한 정보에 마음대로 접근할 수 있게 되어 정보 유출의 위험이 증가합니다.

권한의 부여는 필요한 것만 최소 권한으로 "최소 권한의 원칙"

최소한의 권한만 이용자에게 부여한다는 원칙을 **최소 권한의 원칙**이라고 합니다. 동일한 사람이라도 평소에는 일반적인 이용자 권한으로 업무를 수행하고, 관리자 업무를 수행해야 하는 경우에만 일시적으로 권한을 부여하는 방안을 생각할 수 있습니다. 이렇게 하면 무단 접근이나 정보가 노출됐을 때 피해를 최소화할 수 있습니다(그림 1-18).

그림1-17 인증과 인가의 차이

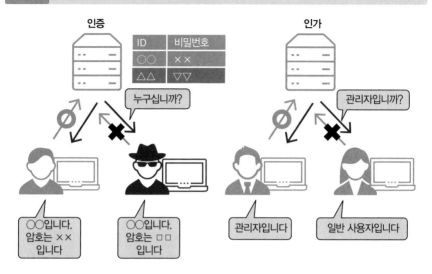

그림1-18 특권, 관리자 권한과 그것의 관리

시스템의 정지나 변경 등 매우 강력한 권한을 "특권"이나
"관리자 권한"이라고 부르며, 악용될 경우 심각한 문제가 발생할 수 있다

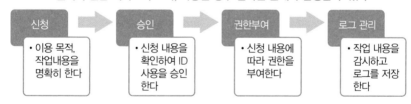

Point

✔ 상대방이 누구인지 식별하는 것이 인증이며, 그 상대방에 맞는 권한을 제공하는 것을 인가
라고 한다.

✔ 불법적인 접근 또는 정보 유출을 방지하기 위해서 가능하면 최소한의 접근권한으로 업무
를 수행하고, 필요한 경우에만 신청을 거쳐 특별한 권한을 부여한다.

비밀번호를 노리는 공격

짧은 길이의 패스워드는 간단하게 뚫린다

로그인 ID에 대한 패스워드를 확인하기 위해서 다양한 문자열을 차례 차례로 대입하여 확인하는 공격을 **무차별 대입 공격**(Brute Force Attack)이라고 합니다. 예를 들어, 패스워드가 4자리 숫자라면 0000, 0001, 0002 …… 등 순서대로 시도하면 정확한 패스워드와 일치하는 시점에 로그인할 수 있습니다(**그림 1-19**).

단순한 공격 방법이지만, 짧은 숫자·문자 형태의 패스워드가 설정된 경우에는 효과적인 공격 방법이 됩니다.

자주 사용되는 단어는 표적이 되기 쉽다

로그인 ID를 고정하고 미리 준비한 패스워드들을 적용해 보는 공격을 **사전(辭典) 공격**이라고 부르고 있습니다. 일반적으로 자주 사용되는 패스워드를 사전에 준비해 둠으로써 효과적으로 공격을 한다는 것이 핵심입니다.

예를 들어, 패스워드로 많이 사용되는 것으로는 "1234" "qwerty" "password" 등이 있습니다. 또한 일반적으로 사전에 등재되어 있는 단어가 패스워드로 사용되는 경우가 많은데, 이러한 단어들이 패스워드로 사용되고 있는 경우에는 쉽게 깨질 수 있습니다.

패스워드의 재사용은 위험

길고 복잡한 암호는 기억하기 힘들다는 이유로 여러 사이트에 동일한 패스워드를 설정하기 쉽습니다. 이러한 경우, 로그인 ID와 패스워드가 어떠한 형태로든 공격자 손에 넘어가게 되면 여러 사이트에서 불법적인 로그인이 발생할 수 있습니다.

다른 공격에 대해서는 "동일한 ID로 연속해서 로그인 실패 시 계정을 잠근다"라는 대책이 유효하지만, 이러한 **패스워드 리스트 공격**에서는 한 번 만에 로그인이 가능하게 되는 경우도 있고, 정상적인 로그인과 구별할 수 없습니다(**그림 1-20**).

그림 1-19 무차별 대입 공격

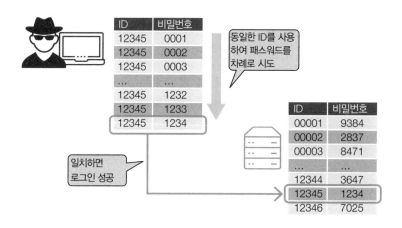

그림 1-20 암호 목록 공격

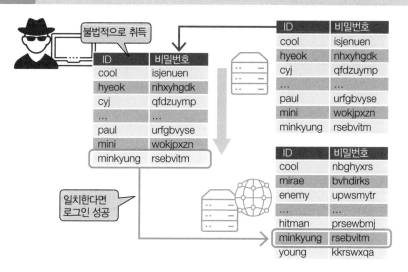

Point

✔ 무차별 대입 공격이나 사전 공격의 대책으로는 동일한 ID로 일정 횟수 로그인에 실패하면 계정을 잠그는 방법 등을 생각할 수 있다.

✔ 패스워드 목록 공격의 경우, 단 한번 시도 만에 성공하는 경우도 많으며 정상적인 로그인 과 구별하기 어렵다.

한번 사용하고 버리는 패스워드로 안전성을 높인다

은행 등에서 많이 사용되고 있는 "원 타임 패스워드"

웹 사이트에 로그인할 때 일회성 패스워드를 사용하는 방법을 **원 타임 패스워드**라고 부릅니다. 앱(App)으로 스마트폰 화면에 표시하는 유형 및 이메일로 보내는 타입, 패스워드 생성기를 사전에 배포하는 유형 등 다양한 방법이 있습니다(그림 1-21).

일정 시간이 경과되면 자동으로 변경되며 한 번 사용된 암호는 비활성화 되기 때문에 비밀번호를 도난당한 경우에도 원 타임 패스워드를 모르는 제3자는 로그인할 수 없습니다. 로그인시 스마트폰 등에 인증 코드를 알려주는 **2단계 인증**도 원 타임 패스워드로 분류될 수 있습니다.

여러 가지 정보를 조합하여 인증한다

은행 ATM 등에 사용되는 비밀번호가 4자리 숫자로 안전하게 이용자를 식별할 수 있는 이유는 무엇일까요? 그 이유는 현금 카드나 통장을 "가지고 있기" 때문입니다. 컴퓨터의 경우도 ID나 비밀번호와 같이 "알고 있는 것"과 ID 카드 등 "가지고 있는 것"을 결합하면 안전성을 높일 수 있습니다.

그 밖에도 지문 등 본인만 가지고 있는 생체 정보(바이오 메트릭스, Bio Metrix)도 사용할 수 있습니다. 이상과 같이 인증에 사용할 수 있는 요소는 **지식 정보, 소지 정보, 생체 정보**로 분류되는데 이러한 것들을 **인증의 3요소**라고 합니다(그림 1-22).

지식 정보는 잊어버리거나 유출되는 위험이 있고, 소지 정보는 분실이나 도난을 당하는 등의 위험이 있습니다. 그래서 이러한 요소를 결합하여 서로의 문제점을 보완하는 **다요소 인증**(Multi-factor authentication, 지식, 소유, 속성 중 두 가지에 한해 별도의 여러 증거 부분을 인증 매커니즘에 성공적으로 제시한 이후에만 사용자에게 접근 권한이 주어지는 컴퓨터 접근 제어 방식)이 사용되고 있습니다. 조합하는 것이 2개인 경우 **2요소 인증**이라고도 부릅니다.

2요소 인증에서는 2개의 요소가 갖추어지지 않으면 인증을 완료할 수 없기 때문에, 비록 ID나 비밀번호가 유출되어 버려도 또 다른 1개의 요소가 없는 한, 공격자는 로그인할 수 없습니다.

그림 1-21 원 타임 패스워드

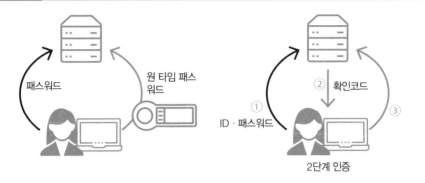

그림 1-22 인증의 3요소

Point

✔ 원 타임 패스워드나 2요소 인증 등을 이용하면 패스워드가 제3자에게 알려진다고 해도 불법적인 로그인을 방지할 수 있다.

✔ SNS 등에서도 2단계 인증을 설정할 수 있는 서비스가 증가하고 있으며, 보안을 높이기 위해서라도 설정은 필수이다.

불법적인 로그인으로부터 보호

평소와 다른 장소로부터의 접속을 판정

국내에서 접속하고 있는 사람이 동시에 해외에서 로그인하는 경우, 동일한 사람이 접속하고 있다고 생각되지 않습니다. 따라서 이용자의 IP 주소를 사용하여 위치 정보를 판정하고, 평소와는 다른 장소로부터 접속된 경우 **"불법적인 접속의 위험이 높다"**라고 판정하는 방법을 위험기반 인증이라고 합니다.

위험이 높은 접속이라고 판정된 경우에는 추가적인 비밀번호를 요구하고, 의심스러운 로그인이 있었다는 것을 메일로 통지하는 등의 방법에 의해 위장 접속을 방지합니다(그림 1-23).

2단계 인증 등을 설정하면 매번 인증이 귀찮다고 느낄지도 모르지만, 이전과 동일한 단말기, 동일한 웹 브라우저, 동일한 IP 주소로부터 접속하는 경우에는 여러 번 인증하지 않아도 로그인할 수 있어서 편리하게 사용하는 서비스가 증가하고 있습니다.

컴퓨터에 의한 자동 처리를 방지

컴퓨터를 악용한 기계적인 로그인이나 자료실 게시를 방지하기 위해 사용되는 CAPTCHA라는 이미지가 있습니다(그림 1-24). 표시된 이미지 안의 문자를 읽어서 입력하는 방식으로, 이미지의 문자열은 사람이라면 쉽게 인식할 수 있지만, 컴퓨터는 어려워한다는 특징을 이용하고 있습니다.

사람은 그림 1-24와 같이 변형된 문자도 추측하여 읽을 수 있기 때문에 이미지에 표시된 문자가 정확하게 입력된다면 인간이 수작업으로 등록하고 있다고 판단합니다.

최근에는 사람인지 여부를 판정하는 방법으로, 이미지를 퍼즐처럼 조합하는 방식이나 표시된 다수의 사진 중에서 자동차 및 동물 사진을 선택시키는 방식도 등장하고 있습니다.

그림1-23 위험 기반 인증에서 보낸 메일의 예

그림1-24 CAPTCHA에 사용되는 이미지의 이미지

Point

✔ 위험기반 인증은 이용자에게 큰 부담을 주지 않고 의심스러운 접근을 방지하는 효과적인 수단이다.

✔ CAPTCHA는 사람에게도 번거로운 작업이지만, 기계적인 로그인을 방지하여 안전성을 높이는 것이 가능하다.

패스워드를 둘러싼 환경의 변화

로그인 정보를 통합 활용할 수 있는 'Single Sign On'

서비스 및 응용 프로그램마다 ID와 패스워드를 기억하는 것은 어려운 일이므로, 어떤 하나의 서비스에서 로그인한 정보를 다른 서비스에서도 사용할 수 있다면 도움이 됩니다. 그래서 어떤 서비스에 로그인한 인증 정보를 다른 서비스에서도 사용할 수 있도록 미리 설정해두어 여러 번 로그인하지 않아도 되도록 하는 것이 Single Sign On입니다(그림 1-25).

이용자 입장에서는 여러 개의 ID와 비밀번호를 기억해야 하는 부담에서 해방되고, 관리자의 입장에서는 보호 대상 시스템의 숫자를 줄여 효율적으로 관리할 수 있습니다. 그러나 제3자의 입장에서는, 어떤 서비스에 임의로 로그인할 수 있다면 연계되어 있는 모든 서비스에 접속할 수 있는 가능성도 있습니다.

패스워드의 재사용 방지 역할을 하는 도구

복잡한 패스워드를 만들고 어떤 사이트에서나 상이한 패스워드를 설정하고자 한다면, 사용되는 ID와 패스워드의 조합이 많아지게 되어 기억의 한계가 발생합니다.

포스트잇에 기록하여 다른 사람이 보이는 곳에 붙여 두는 것은 말도 안 되지만, 제3자가 알 수 없게 수첩 등 종이에 메모해서 보관하는 것은 하나의 방법입니다. 그러나 네트워크를 통해 도난 우려가 없다는 장점이 있는 반면, 분실이나 도난의 가능성이 있으므로 주의가 필요합니다.

그래서 **패스워드 관리 도구**를 사용하는 방법이 고려되고 있습니다. 대부분 마스터 패스워드라고 하는 패스워드를 하나 기억하는 것 만으로 패스워드 정보를 관리할 수 있습니다(그림 1-26).

스마트폰의 앱(App)에서 많이 등장하고 있으며, 패스워드가 필요한 경우 자동으로 입력해주는 기능, 여러 단말기 간에 패스워드 정보를 동기화 하는 기능, 마스터 패스워드로 지문을 사용하는 기능 등을 제공하고 있습니다.

그림1-25 Single Sign On

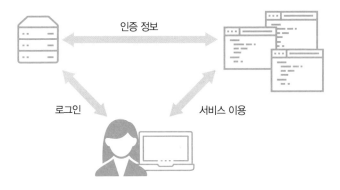

그림1-26 패스워드 관리 도구

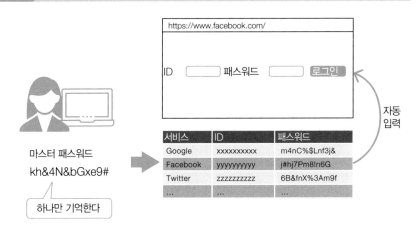

Point

✔ 여러 가지 서비스에서 서로 다른 패스워드를 운용하는 부담을 낮추는 방법으로 Single Sign On이나 패스워드 관리 도구가 있다.

✔ Single Sign On을 지원하지 않는 서비스는 많으며, 여러 가지 서비스에서 다른 패스워드를 사용하는 경우에는 패스워드 관리 도구가 현실적인 대책이라고 할 수 있다.

개인의 신체 정보를 이용한다

스마트폰(Smart Phone)으로 확장된 "지문 인증"

지문 인증은 오래 전부터 사용되고 있는 인증 방법입니다. 최근에는 스마트폰에 적용되었고 보안을 높이기 위해 기업용 컴퓨터나 출입 관리 등에도 적용되어 있습니다.

손가락이 젖은 상태로는 지문 정보를 정확히 취득하지 못하는 경우가 있고, 잠을 자는 동안 타인이 손가락을 대면 인증되는 등의 문제점이 있지만, 일반적인 사용에 있어서는 충분히 개인을 인증하는 수단으로 유용합니다.

지문 인증보다 정밀도가 높은 "정맥 인증"

손가락이 젖은 상태에서도 인증할 수 있는 방법으로는 **정맥 인증**이 있습니다. 손바닥이나 손가락 혈관의 정맥 패턴을 읽어들이는 인증 방식으로 지문 인증보다 정밀도가 높습니다. 정맥은 체내에 있기 때문에 타인이 쉽게 알 수 없으며, 물리적으로 위조가 곤란하다는 장점도 있습니다. 반면에 기계의 사이즈가 크다는 것과 높은 도입 비용은 문제로 지적되고 있습니다.

보급이 기대되는 "홍채 인증"과 "얼굴 인식"

홍채 인증은 눈을 이용한 인증 방법입니다. 눈의 홍채는 평생 거의 변화하지 않기 때문에 재등록이 불필요하다는 장점이 있습니다. 또한, **FAR**(False-Acceptance Rate, 다른 사람을 나라고 인식해 버리는 확률)이 지문 인증보다 훨씬 낮다는 특징도 있습니다. 다만, 도입 비용이 높다는 단점도 있습니다.

특수 장비가 불필요한 생체 인증으로는 **얼굴 인증**을 들 수 있습니다. 스마트폰 카메라 해상도가 향상되고 있어 도입이 용이하다는 특징이 있습니다. Windows 또는 스마트폰에서 로그인 시 사용되고 있으며 향후 확산될 것으로 기대되고 있습니다.

또한, 생체 인증은 **그림 1-27, 그림 1-28** 같은 해결해야 할 과제도 있습니다.

그림1-27 생체 인증의 장단점

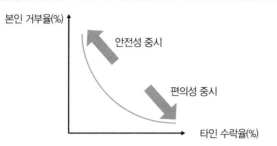

그림1-28 생체 인증의 과제

성장, 노화 등으로 인한 신체적 특징의 변화

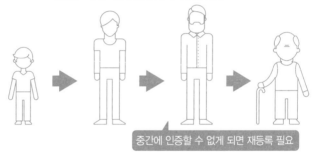

중간에 인증할 수 없게 되면 재등록 필요

특징이 비슷한 사람에 대한 오인식

다른 사람을 같은 사람으로 인식

패스워드처럼 의도적으로 변경할 수 없다

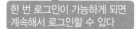

한 번 로그인이 가능하게 되면
계속해서 로그인할 수 있다

Point

✔ 스마트폰 보급이 확산되고 있어 지문 인증이나 얼굴 인식 등 생체 인증이 사용되는 경우
  도 증가하고 있다.
✔ 생체 인식에도 문제가 있다는 것을 이해한 후 사용할 필요가 있다.

해봅시다

인터넷 접속만으로 알 수 있게 되는 정보를 알아야 한다

인터넷에서 웹 페이지에 접속하고 있을 때, 조회만 하는 경우엔 익명으로 접속할 수 있습니다. 그러나 서버 관리자에서는 접속한 사람에 대한 정보가 일부 보여지고 있습니다. 검색 사이트에서 "https://env.b4iine.net/"이라고 입력한 후 검색해보면 몇 개 사이트가 표시됩니다. 이 중 하나에 액세스해보십시오.

표시된 사이트를 보면 방문한 사람의 IP 주소와 브라우저 정보, OS나 화면 해상도, 어느 URL 을 통해 오게 되었는지 등의 정보가 표시됩니다.

IP 주소를 알면 사용하고 있는 인터넷 제공자(Provider) 정보도 알 수 있습니다.

사용자가 위치 정보의 수집을 승인하면, JavaScript를 사용하여 어디에서 접속하고 있는지 위도와 경도까지 알 수 있습니다. 이러한 정보들이 서버 관리자에게 파악되고 있는 것입니다.

URL을 지정하고 직접 접속하는 경우, 검색 사이트를 통해 접속하는 경우, PC에서 브라우저를 변경한 경우, 스마트폰에서 접속한 경우 각각 어떻게 결과가 바뀌는 지 확인해보십시오.

Chapter

2

네트워크를
겨냥한 공격

초대받지 않은 방문자

데이터 훔쳐보기

네트워크 훔쳐보기

인터넷을 사용할 때의 불안감에는 개인정보 취급과 관련한 내용도 포함됩니다. SNS 등을 사용할 때 최대한 개인정보가 공개되지 않도록 하더라도 쇼핑을 하게 되면 배송에 필요한 이름과 주소, 전화번호 등을 입력해야만 합니다.

이 때, 쇼핑 사이트의 정보 유출에 대해서는 해당 사업자를 신뢰할 수 밖에 없습니다. 그러나 입력한 개인정보는 네트워크를 통해 훔쳐볼 수 있습니다. 이렇게 훔쳐 보는 것을 **도청**이라고 합니다(**그림 2-1**).

네트워크 어디에서 도청되는가?

도청을 방지하기 위해서는 5장에서 설명하는 "암호화" 또는 다른 사람이 접근할 수 없는 전용선 같은 네트워크를 사용하게 됩니다. 도청 방지 대책 중 어떤 것이 효율적인지 판단하기 위해서는 도청이 발생되는 장소를 생각해 보아야 합니다.

먼저 네트워크를 연결하는 통신 기기를 생각할 수 있습니다. 알기 쉬운 예로 라우터 (Router)나 스위치(Switch) 기기를 생각할 수 있습니다. 도청은 아니지만 의심스러운 통신이 발생하고 있는 것은 아닌지 관리자가 의심스러운 통신을 확인하기도 합니다. 이것은 누가 어디에서 접속하였는지 해당 통신 내용을 확인할 수 있는 방법이 있다는 것입니다.

다른 하나는 무선 LAN과 LAN 케이블, 전용선 등의 전송 매체입니다. 무선 LAN에서는 통신 관련 암호화 설정이 일반적이지만, 그 암호화의 범위는 PC나 스마트폰 등 단말기로부터 무선 LAN 라우터(Router)까지 구간에 해당할 뿐입니다(**그림 2-2**). 전용선은 사무실과 사무실을 연결하는 것이 일반적이며, 사무실 내부에서의 통신은 별도의 대책이 필요합니다(**그림 2-3**).

즉, 라우터와 인터넷과 사이에 통신 장비가 설치되거나, 사무실 내부에 통신 장비가 설치되는 경우에는 기술적으로도 도청이 가능한 상태가 됩니다. 그래서 통신 경로상에서 도청을 방지하기 위해 경로상의 특정부분에 암호화를 적용할 뿐만 아니라 전송되는 데이터를 암호화할 필요가 있습니다.

그림 2-1 도청의 이미지

인터넷

그림 2-2 암호화된 범위

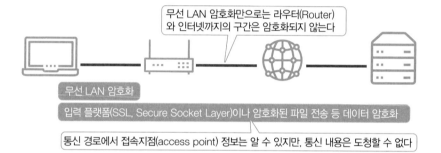

무선 LAN 암호화만으로는 라우터(Router)
와 인터넷까지의 구간은 암호화되지 않는다

무선 LAN 암호화

입력 플랫폼(SSL, Secure Socket Layer)이나 암호화된 파일 전송 등 데이터 암호화

통신 경로에서 접속지점(access point) 정보는 알 수 있지만, 통신 내용은 도청할 수 없다

그림 2-3 전용선의 범위

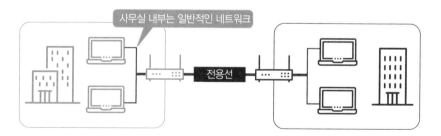

사무실 내부는 일반적인 네트워크

전용선

Point

✔ 도청을 방지하기 위해 어떤 구간에서 도청 발생의 가능성이 있는지 생각해야 한다.

✔ 암호화는 도청을 방지하는 것이 아니라 "도청을 당해도 통신 내용을 모르게" 하는 방안이다.

✔ 암호화되어 있지 않은 경우, 통신 장비 관리자는 통신 내용을 들여다 볼 수 있다.

데이터의 신뢰성을 위협하는 공격

데이터를 바꿔 버리는 "변조"

개인정보가 아니라면 중간에서 도청되어도 "특별한 피해는 발생하지 않는다"라고 생각할 수 있습니다. 그러나 일상적인 대화 내용이더라도 중간에 내용이 바뀌게 되면, 보내는 내용과 전혀 다른 내용이 상대방에게 전달되어 버릴 수도 있습니다.

이렇게 전송 도중 데이터를 갱신하는 것을 **변조**라고 합니다(**그림 2-4**). e-메일 문장을 갱신하는 정도라면 e-메일을 주고 받는 도중에 눈치챌 수 있을지도 모르지만, 구입한 상품의 수량이 조작되어서 10배, 100배 많은 수량으로 발주되어 있다면 어떨까요? 구매자는 물론 매장이나 운송 업체도 함께 관련되는 문제로 변해 버립니다.

통신이 암호화만 되어 있으면 문제가 없다고 생각하기 쉽지만, 5-14에 등장하는 것처럼, "중간자 공격"이 발생할 가능성도 있습니다. 이 경우 수신자와 발신자 모두가 전혀 눈치채지 못하는 상황이 발생할 수도 있습니다.

웹 사이트가 바뀌어 버리는 피해도 빈발

네트워크 중간 경로에서 발생하는 것이 아니라 파일이 바뀌게 되는 변조도 있습니다. 예를 들어, 웹 사이트를 업데이트 하기 위해 사용되는 **FTP 계정**이 탈취된 경우, 웹 사이트의 콘텐츠(Contens)가 바뀌게 됩니다(**그림 2-5**). 또한, 데이터베이스 계정이 탈취되면 해당 접속 권한에 의해서 데이터베이스의 내용이 바뀌게 됩니다.

이와 같이, 웹 서버의 관리자 권한, 콘텐츠 업데이트 권한이 탈취되면 그 권한으로 접속 가능한 콘텐츠들을 조작할 수 있습니다. 또한 가짜 사이트를 만들어 진짜 사이트에 대한 접속을 자동으로 가짜 사이트로 유도하는 방법도 구현할 수 있습니다.

실제로 관공서 사이트가 조작으로 인해 정치적 메시지가 표시된 사례와 사이트에 방문만 했을 뿐인데 바이러스에 감염된 사례 등이 보고되고 있습니다.

그림 2-4 변조 이미지

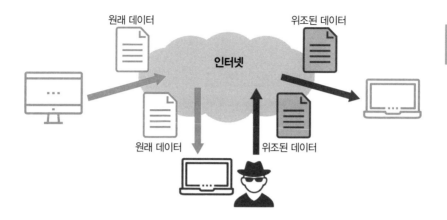

그림 2-5 웹 사이트 변조의 예

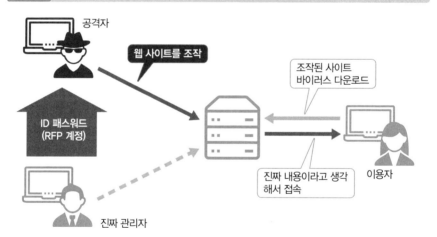

Point

✔ 전송 도중에 데이터가 변경되더라도 사용자가 눈치채지 못하는 경우가 있다.

✔ 웹 서버 관리자 권한이 탈취되면 가짜 사이트가 만들어지거나 바이러스를 다운로드 하게 될 가능성이 있다.

특정 인물 사칭

타인 행세를 하여 활동하는 "사칭"

블로그나 SNS, 쇼핑 사이트 등의 서비스를 이용하고 있을 때 ID나 패스워드가 유출되면 본인이 아니어도 해당 서비스에 로그인할 수 있게 됩니다. 이와 같이, "타인의 행세를 하고 활동하는 것"을 **사칭**이라고 합니다(그림 2–6, 그림 2–7).

인터넷 뱅킹에서 불법적인 송금이 발생하거나 쇼핑 사이트 등에서 제멋대로 상품이 구입된다면 그 피해는 헤아릴 수 없습니다. 경우에 따라서는 이메일의 송수신도 발생할 수 있습니다.

이외에도 특정 IP 주소로만 연결할 수 있는 서비스를 자신의 IP 주소를 위장하여 연결하는 방법을 **IP 스푸핑**이라고 합니다.

SNS에서의 사칭은 막기가 어렵다

ID나 패스워드가 탈취당하는 것과 개인정보 유출이 무서운 이유는, SNS를 이용하지 않는 사람들이 있긴 하지만 Twitter와 Facebook 등에서 사람들을 대상으로도 사칭이 발생하기 때문입니다.

예를 들어, 임의로 본인의 이름을 사칭하여 계정을 만들어 버리는 경우가 있습니다. 주로 연예인 등 유명 인사와 관련하여 많이 발생하고 있으며, 사칭 당한 본인이 부정함으로써 발각되는 경우도 자주 발생합니다.

본인이 모르는 곳에서 사칭이 발생하여 친구들이 사기를 당하고 있을지도 모르며, 임의로 악성 게시물이 게시되어 버리면 본인은 아무것도 하지 않았는데도 나쁜 사람이 될 수 있습니다. 이를 방지하기 위해 **SNS 계정을 만들어 두는 것**이 하나의 대책이 될 수 있습니다.

특히 기업의 경우, 마음대로 계정을 만들 때 피해가 매우 커집니다. 자사 웹 사이트에서 정규 계정을 통보하고 Twitter 등의 경우에는 인증이 완료된 계정(그림 2–8)을 취득하고, 발신하는 이메일에 전자 서명(5–6 참조)을 추가하는 등 대책이 요구되고 있습니다.

그림 2-6 스푸핑 예

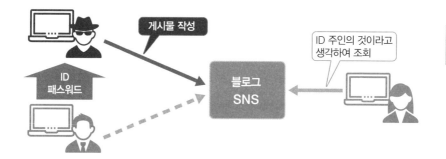

그림 2-7 SNS로 사칭하는 예

 지금 바빠?

아니, 괜찮아 무슨 일이야?

 내 메신저에 문제가 있어 휴대전화 인증이 필요해.
전화 번호 좀 알려 줄래?

그림 2-8 인증된 계정의 예

Point

✔ ID나 비밀번호가 도난당하지 않는데도 임의대로 계정이 생성되어 버린 경우가 있다.

✔ 이용자들도 사칭된 계정으로부터 발신된 것이 아닌가 주의할 필요가 있다.

법률에 따른 부정 접속의 정의

부정 접속 금지법에 의한 정의

사칭과 같이 부정한 방법으로 입수한 타인의 ID와 비밀번호를 사용하여 로그인하는 행위는 **부정 접속**에 해당합니다(그림 2-9). 부정 접속 금지법(일본의 부정 접속 행위에 관한 법률, 대한민국은 '정보통신망 이용촉진 및 정보보호 등에 관한 법률'에 따름)에서는 부정 접속에 대하여 정의되어 있습니다. 어려운 용어들이 사용되고 있지만, 간단하게 정리하면 다음과 같은 행위가 해당됩니다(그림 2-10).

- ◆ 타인의 ID 및 비밀번호를 임의로 사용하여 시스템을 이용하는 행위
- ◆ 시스템의 결함 등을 이용하여 접근 통제를 우회하여 시스템을 이용하는 행위
- ◆ 목표 시스템을 이용하기 위해서 해당 네트워크에 있는 다른 컴퓨터에서 접근 통제를 우회하여 시스템을 이용하는 행위

모두 "전기통신 회선을 통하여" 접속하는 것이 전제로 되어 있습니다. 즉, 인터넷이나 LAN 등의 **네트워크를 통해 부정하게 접속한 경우는 처벌 대상**이 됩니다. 피해가 발생하지 않고 타인의 ID, 패스워드를 통해 부정 접속한 시점에서 범죄가 성립됩니다. 그러나 필요에 의해 관리자가 수행하는 경우 등은 제외되어 있습니다.

또한, 네트워크를 통하지 않고 컴퓨터의 키보드를 직접 조작하여 무단으로 사용하는 행위는 부정 접속에 해당하지 않습니다.

관리자는 부정 접속 방지를 위한 노력의 의무가 있다

취약한 서버를 노려서 부정 접속을 시도하고자 할 때 일반적으로 도구(Tool)를 사용하여 취약성을 확인하므로, 유명한 회사인지 아닌지는 공격을 받게 되는 것과 아무런 관계가 없습니다. 중소기업이나 이용자가 적은 서비스도 공격 대상이 될 수 있으므로 안심할 수 없습니다. 부정 접속 금지법은 부정 접속이 일어나기 어려운 환경을 갖추도록 관리자에게 요구하고 있습니다.

그림 2-9 부정 접속 후의 행위별 인지건수

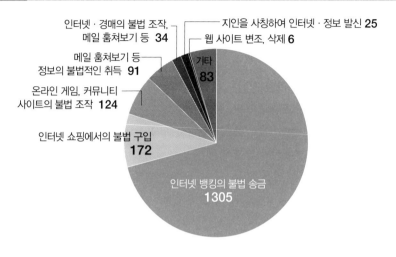

- 인터넷 · 경매의 불법 조작, 메일 훔쳐보기 등 **34**
- 지인을 사칭하여 인터넷 · 정보 발신 **25**
- 웹 사이트 변조, 삭제 **6**
- 메일 훔쳐보기 등 정보의 불법적인 취득 **91**
- 온라인 게임, 커뮤니티 사이트의 불법 조작 **124**
- 인터넷 쇼핑에서의 불법 구입 **172**
- 기타 **83**
- 인터넷 뱅킹의 불법 송금 **1305**

그림 2-10 부정 접속

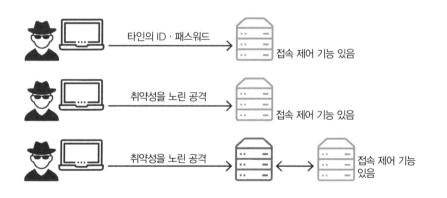

- 타인의 ID · 패스워드 → 접속 제어 기능 있음
- 취약성을 노린 공격 → 접속 제어 기능 있음
- 취약성을 노린 공격 → 접속 제어 기능 있음

Point

- ✔ 부정 접속은 네트워크를 경유한 접속을 전제로 한다.
- ✔ 피해가 발생하지 않아도, 타인의 ID와 비밀번호를 사용하여 부정하게 접속한 시점에 범죄
가 성립한다.

무고한 사람이 가해자

원격 조작에 대한 이미지와 현실 \\\

컴퓨터 **탈취**라는 말을 들으면, **원격 조작 형태의 악성 코드** 사건이 바로 떠오를지도 모릅니다. 2012년에 발생한 사건으로, 악성 코드에 감염된 컴퓨터에 부정한 지령을 보내 원격으로 조작하여 게시판 등에 범행 예고를 게시한 것입니다(**그림 2-11**).

"원격 조작"이라는 말을 들을 때 떠오르는 모습은 컴퓨터 화면이 지배되어 임의로 마우스 커서가 움직인다……라는 상황일 것입니다. 이러한 동작이 발생하게 되면 이용자는 상황이 잘못되었다는 것을 바로 눈치챌 수 있을 것입니다. 그러나 실제로는 그렇게 눈에 보이는 형태로 일어나지 않습니다.

위의 사건에서 본인은 악성 코드(Malware)에 감염된 것을 눈치채지 못했고 자기도 모르는 사이에 범행 예고를 게시하게 되었던 것입니다. 감염된 컴퓨터의 소유자가 체포되어 큰 화제가 되었습니다.

이러한 동작을 시키기 위해서 반드시 바이러스에 감염시켜야만 되는 것은 아닙니다. 공격자는 공격 대상이 되는 컴퓨터를 부정한 동작을 하는 특정 서버에 접속시키기만 하면 됩니다.

집안 무선 LAN이 탈취되는 "전파 도둑" \\\

최근에는 길거리에도 공유 무선 LAN을 제공하는 장소가 늘어났습니다. 반면에, 가정에서 사용되고 있는 무선 LAN 라우터의 보안상 취약함을 틈타서 "무임 승차를 한다"는 말이 자주 들립니다.

"전파 도둑"이라고 불려지기도 하지만, 집안의 무선 LAN 라우터의 초기 설정 값 그대로 사용하고 있다면 다른 사람이 접근할 수 있는 가능성이 높아집니다(**그림 2-12**).

단순히 사용하기만 한다면 별다른 큰 영향이 없는 것 아닌가? 라고 생각할지도 모르지만, 문제는 범죄에 이용될 우려가 있다는 것입니다. **외부 사이트를 공격하는데 사용된다면 누가 그러한 행위를 했는지 조사하기가 곤란해집니다.**

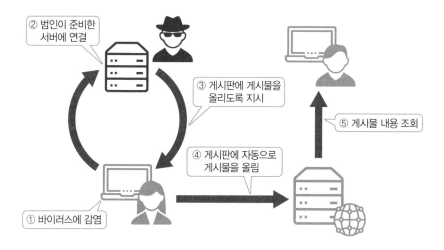

그림 2-11　원격 조작의 예

② 범인이 준비한 서버에 연결

③ 게시판에 게시물을 올리도록 지시

⑤ 게시물 내용 조회

④ 게시판에 자동으로 게시물을 올림

① 바이러스에 감염

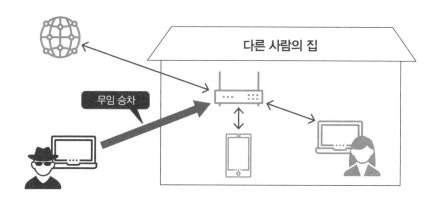

그림 2-12　전파 도둑

다른 사람의 집

무임 승차

Point

✔ 원격 조작은 본인이 눈치채지 못하는 상태에서 이뤄지고 있으며, 바이러스에 감염되지 않아도 실행할 수 있다.

✔ 집에 설치되어 있는 무선 LAN이 무단으로 사용되거나, 범죄에 악용될 우려가 있다.

공격을 위한 뒷문 설치

두 번째 공격을 용이하게 하는 "백도어" \\\\\\\\\\\\\\\\\\\\\\\\\\\\\\\\\\\\\

공격자가 외부에서 서버를 공격하여 침입에 성공했다면, 침입이 성공했다는 것만으로 끝나는 것이 아닙니다. 침입을 눈치채지 못한 경우는 물론이고, 눈치를 챈 경우에도 공격자는 다음에 새로운 정보를 찾기 위해 몇 번이라도 침입하는 것을 생각하게 됩니다.

따라서 이후에 수행할 침입을 쉽게 하기 위해, 공격자는 **백도어**라는 소프트웨어 등을 도입하고 있습니다. 백도어가 있다면, 시스템의 오류가 수정되거나 관리자가 ID와 암호를 변경하여도 쉽게 로그인할 수 있습니다(**그림 2-13**).

백도어를 설치하는 방법에는 부정하게 시스템에 침입하는 것뿐만 아니라, 부정한 프로그램 다운로드(**그림 2-14**)나 이메일 첨부 파일 열어 보기를 통한 바이러스 감염도 있을 수 있습니다.

백도어가 설치되면 기존의 설정 파일이나 소프트웨어가 변조됩니다. 파일을 설치하거나 변경하기 때문에, 각 회사가 제공하고 있는 **변조 탐지 도구** 등을 이용하면 설정 파일이 변조된 경우 자동으로 탐지되도록 설정할 수 있으며, 이러한 행위를 통해 침입을 발견할 수 있습니다.

부정을 행하는 프로그램의 종합상자 "rootkit" \\\\\\\\\\\\\\\\\\\\\\\\\\\\\\\\\\\

외부에서 부정하게 침입하는 공격자가 사용하는 도구로 유명한 것은 rootkit입니다. 이름 그대로 root라는 관리자 권한을 사용하여 시스템을 조작하는 도구들의 집합으로 공격을 은폐시키기 위해 사용됩니다.

로그를 조작하여 침입을 눈치채지 못하도록 하고, 시스템 명령어를 바꿔버리고, 네트워크를 도청하며, 이용자가 키보드로 입력하는 키(Key) 값을 기록하는 등 다양한 도구들이 모여 있습니다(**그림 2-15**).

rootkit을 탐지하고 제거하기 위한 도구도 개발되고 있지만, 여타 바이러스 백신들이 그렇듯이 공격과 대책의 숨바꼭질이 계속되고 있습니다.

그림 2-13 백도어(외부에서의 공격)

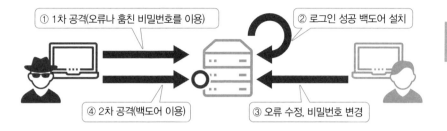

① 1차 공격(오류나 훔친 비밀번호를 이용)
② 로그인 성공 백도어 설치
④ 2차 공격(백도어 이용)
③ 오류 수정, 비밀번호 변경

그림 2-14 백도어(악성 프로그램 다운로드)

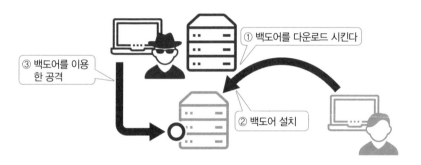

③ 백도어를 이용한 공격
① 백도어를 다운로드 시킨다
② 백도어 설치

그림 2-15 rootkit

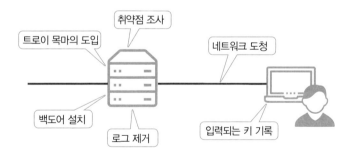

취약점 조사
트로이 목마의 도입
네트워크 도청
백도어 설치
로그 제거
입력되는 키 기록

Point

✔ 공격자는 백도어를 설치하여 나중에 몇 번이라도 침입하려고 하는 경우가 있다.
✔ rootkit은 부정을 행하는 프로그램의 종합상자이다.

부하를 가중시키는 유형의 공격

대량의 통신으로 네트워크를 마비시키는 공격

일시적으로 대량의 통신을 발생시킴으로써 공격 대상인 네트워크를 마비시키는 공격은 DoS(Denial of Service) 공격 또는 서비스 거부 공격이라고 불려지고 있습니다. "장난 전화가 많이 걸려와서 꼭 필요한 전화를 받을 수 없는 상태"라고 생각하면 이해하기 쉬울 것입니다.

웹 서버처럼 외부에 공개되어 있는 경우, 그 규모에 관계없이 공격의 대상이 됩니다. DoS 공격은 1대의 컴퓨터로 공격하지만, 다수의 컴퓨터를 동원해 1대의 컴퓨터를 공격하는 것은 특별히 DDoS(Distributed Denial of Service) 공격이라고 합니다.

DoS 공격을 당하면 해당 컴퓨터와의 통신을 거부함으로써 대응할 수 있지만, DDoS 공격은 다수의 컴퓨터를 상대해야 하므로 통신을 거부하는 것은 현실적이지 않습니다.

PC 탈취에 의한 DDoS 공격

DDoS 공격을 하기 위해서는 많은 컴퓨터들이 필요한데, 공격자가 직접 다수의 컴퓨터를 확보하기보다는 다른 사람의 컴퓨터를 장악하여 악용하는 방법을 사용하게 됩니다. 바이러스 감염 등으로 인해 외부로부터 인터넷을 통해 지령을 내려 조종 가능한 상태가 된 컴퓨터를 봇(Bot)이라고 하며, 이러한 컴퓨터들이 모여있는 것을 봇넷(Botnet)이라고 합니다(그림 2-16).

사용자가 알지 못하는 사이에 봇넷에 포함되는 경우도 있어, 자기도 모르는 사이에 가해자가 되어버릴 가능성도 있습니다.

대량의 메일로 받은 편지함이 꽉 차게 되는 "메일 폭탄"

메일 폭탄은 스팸 메일(Spam mail)의 일종으로 이메일 사서함 용량을 초과할 정도로 대량의 메일을 보내는 것을 말합니다(그림 2-17). 다만, 스팸 메일을 걸러내는 기능의 고도화와 메일 사서함 용량이 대용량화 되어 최근에는 거의 볼 수 없게 되었습니다.

그림 2-16 봇넷에 의한 DDoS 공격

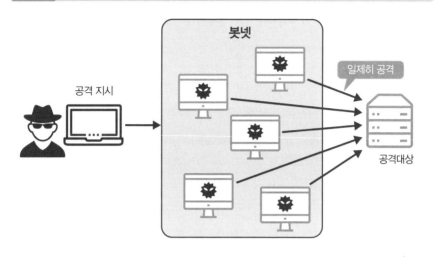

그림 2-17 메일 폭탄

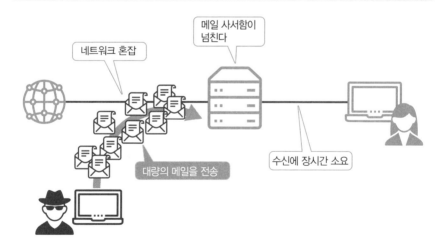

Point

✔ 봇넷에 의한 DDoS 공격은 공격하는 상대방을 특정하기 어렵다.

✔ 대량의 이메일이 전송되는 메일 폭탄은 업무에 미치는 영향이 크지만, 스팸 메일을 걸러내는 기술의 발전으로 최근에는 감소하고 있다.

공격을 어디에서 막을까

공격의 4단계와 대책

바이러스를 사용하는 공격에는 다음의 4가지 단계가 있습니다(그림 2-18).

❶ 침입: 회사 내부의 PC에 바이러스를 감염시킨다
❷ 확대: 회사 내부 네트워크에서 감염된 PC를 증가시킨다
❸ 조사: 기밀 정보를 가지고 있을 것 같은 PC나 서버를 찾는다
❹ 취득: 기밀 정보를 추출하여 외부로 보낸다

이러한 단계를 어딘가에서 차단하면 심각한 피해가 나오기 전에 처리가 가능합니다. 가장 먼저 생각해야 하는 것은 **입구대책**입니다. "바이러스의 침입을 방지한다", "침입이 되어도 감염되지는 않는다"라는 대책이 세워져 있다면 이상적이지만, 표적 형태의 공격 등을 생각할 때 바이러스 백신 소프트웨어와 방화벽만으로 침입을 완전히 방지하는 것은 어렵습니다. 그래서 정보의 파괴나 누설, 타인에 대한 공격 등을 일으키지 않도록 대책을 마련해야 합니다. 예를 들어, 네트워크를 분리하여 피해의 확산 범위를 제한하거나 관리자 권한을 최소로 하거나 파일 공유를 제한하는 것 등은 대책으로써 효과가 있습니다.

또한 외부로 기밀 정보가 전송되지 않도록 하거나 전송되어도 영향을 받지 않게 하는 생각이 **출구대책**입니다. 업무가 정지되는 상황이 발생한다고 해도, 밖으로 확대되지 않고 회사 내부로만 범위가 국한된다면 피해를 최소화할 수 있습니다.

여러 대책을 조합하여 효과를 높인다

입구대책이나 출구대책을 수행하는 것은 바이러스 감염에 대한 대응만은 아닙니다. 웹 어플리케이션 프로그램을 제공하는 기업인 경우, 외부로부터 공격을 받을 수 있습니다.

이 때, 1개의 대책이 아닌 여러 대책을 조합하는 것을 **심층방어**라고 부르며 공격을 막는 효과를 높여주는 것 이외에도 공격에 대응하기 위한 시간을 확보하는 효과도 있습니다(그림 2-19).

그림 2-18 바이러스 감염으로부터 정보 유출까지의 흐름

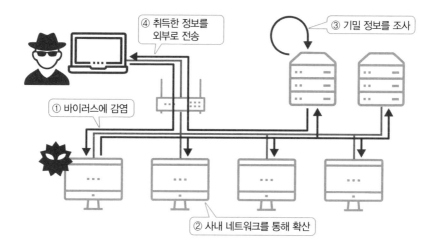

④ 취득한 정보를
외부로 전송

③ 기밀 정보를 조사

① 바이러스에 감염

② 사내 네트워크를 통해 확산

그림 2-19 심층 방어의 예

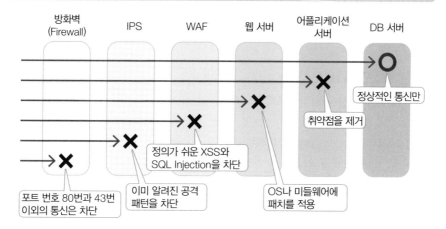

방화벽
(Firewall)   IPS   WAF   웹 서버   어플리케이션   DB 서버
                                        서버

정상적인 통신만

취약점을 제거

정의가 쉬운 XSS와
SQL Injection을 차단

포트 번호 80번과 43번
이외의 통신은 차단

이미 알려진 공격
패턴을 차단

OS나 미들웨어에
패치를 적용

Point

✔ 표적 공격의 수법이 증가하고 있기 때문에, 입구 대책뿐만 아니라 출구 대책도 필요하다.

✔ 외부로부터의 공격을 막기 위해 여러 대책을 조합한 심층 방어가 효과적이다.

부정 접속 대책의 기본

인터넷과 내부 네트워크를 분할

인터넷과 내부 네트워크의 경계에 설치하여 회사 네트워크의 문지기 역할을 하는 네트워크 장비를 **방화벽**이라고 합니다. 인터넷과 내부 네트워크 사이에 교환되는 통신 데이터를 모니터링하고 미리 정한 규칙에 따라 데이터의 전송을 허용할지 여부를 결정합니다(그림 2-20). 이 때 외부로부터의 통신 차단 뿐만 아니라 외부로 나가는 통신도 차단할 수 있습니다.

방화벽 기능은 제품에 따라 크게 다릅니다. 통신의 도착지(통신이 도착하는 곳) 정보만 보고 가부를 판단하는 제품도 있고, 통신의 내용까지 자세히 검사하는 제품도 있습니다.

그러나 통과하는 전자 메일의 내용까지 방화벽이 알 수 없기 때문에 바이러스를 다운로드 하거나, 메일에 첨부되어 있는 경우에는 통과되어 버립니다. 별도의 바이러스 백신 소프트웨어를 사용해야 하는 필요성이 여기에 있습니다.

필요한 패킷만 통과시킨다

패킷 필터링은 송신자와 수신자의 IP 주소와 포트(Port) 번호를 확인해서 통신을 제어하는 기능입니다. 예를 들어, 회사의 특정 서버에만 외부로부터의 통신이 허용되는 경우에는 통신상의 수신처가 해당 서버로 기술되어 있는 통신만 허용됩니다. 마찬가지로, 내부에 특정 컴퓨터만 외부와 통신할 수 있도록 하려면 송신자의 IP 주소를 확인해서 통신을 허용합니다.

특정 통신을 허용하기 위해서는 IP 주소뿐만 아니라, HTTP나 HTTPS 등 프로토콜 단위로 제어할 수도 있습니다. 예를 들어, HTTP의 경우 포트 번호로 80번, HTTPS의 경우는 443번만 허용하는 설정이 가능합니다(그림 2-21).

그림 2-20 방화벽

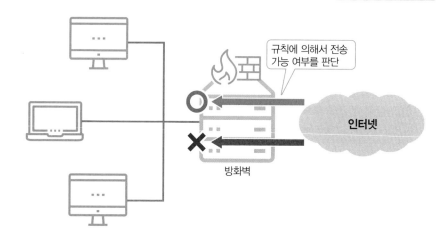

규칙에 의해서 전송 가능 여부를 판단

인터넷

방화벽

그림 2-21 패킷 필터링

패킷의 수신처 포트 번호 제어

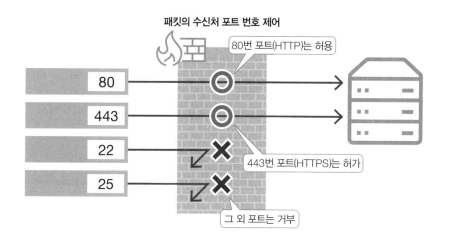

80번 포트(HTTP)는 허용

80

443

22

25

443번 포트(HTTPS)는 허가

그 외 포트는 거부

Point

✔ 부정 접속을 방지하기 위해 정해진 규칙에 따라 통신을 차단하는 방화벽이 사용된다.

✔ 방화벽에서는 패킷 필터링(Packet Filtering) 기능을 이용하여 통신 내용을 제어한다.

통신 모니터링 및 분석

"패킷 캡처(Packet Capture)"로 통신 내용을 감시

네트워크 상에서 흘러 다니는 통신 내용을 확인하기 위해 패킷을 수집하는 것을 **패킷 캡처**라고 합니다. 네트워크에 문제가 발생한 경우에는 조사를 위해 사용되기도 하며, 의심스러운 통신이 이루어지고 있지 않은지 확인하기 위한 용도로 사용되는 경우도 있습니다.

패킷 캡처를 하는 방법은 "사용하고 있는 컴퓨터로 송수신 되는 패킷을 조사하는 방법"과 "리피터 허브(Repeater Hub)나 일부 스위칭 허브(Switching Hub)를 흘러 다니는 패킷을 조사하는 방법"이 있습니다(그림 2-22).

리피터 허브는 여러 가지 포트를 가지고 있는 네트워크 장비로써, 어떤 포트로부터 입력된 신호를 모든 포트에 전달합니다. 즉, 동일한 리피터 허브에 연결된 다른 컴퓨터의 통신을 볼 수 있습니다.

한편, **스위칭 허브**는 필요한 포트를 한정하여 신호를 전달하지는 않지만, 일부 기종은 **미러링 포트**라는 포트를 보유하고 있습니다. 미러링 포트를 보유한 허브에 접속하면 해당 스위칭 허브에 연결된 다른 컴퓨터의 통신을 볼 수 있습니다.

최근에는 리피터 허브가 거의 사용되지 않기 때문에 일반적으로 스위칭 허브의 미러링 포트를 사용합니다.

무료 도구로도 캡처(Capture) 가능하다

패킷 캡처 도구로 많이 사용되고 있는 것이 Wireshark입니다(그림 2-23). 오픈 소스로 개발되어 있기 때문에 누구나 무료로 이용할 수 있고 다양한 OS를 지원하고 있습니다.

Wireshark 공식 사이트(https://www.wireshark.org/)에 접속하면 사용하고 있는 컴퓨터의 OS에 맞는 최신 버전을 다운로드할 수 있습니다. Wireshark를 이용하면 패킷을 캡처할 수 있을 뿐만 아니라 통신에 대한 다양한 분석도 가능합니다. 예를 들면, 통신에 사용된 프로토콜의 종류와 비율을 집계하는 것이 가능합니다.

그림 2-22 패킷 캡처 방법

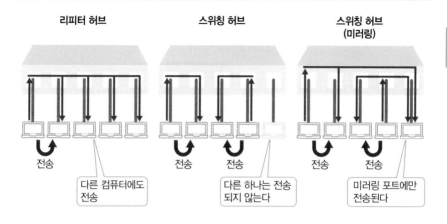

리피터 허브　　　　　스위칭 허브　　　　　스위칭 허브
　　　　　　　　　　　　　　　　　　　　　　(미러링)

전송　　　　　전송　　전송　　　　전송　　전송

다른 컴퓨터에도　　다른 하나는 전송　　미러링 포트에만
전송　　　　　　　되지 않는다　　　　전송된다

그림 2-23 Wireshark에 의한 프로토콜 계층 통계

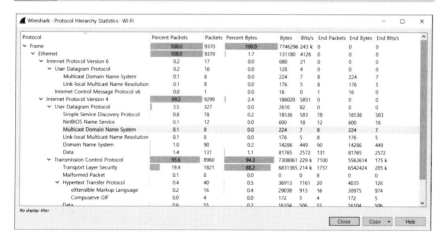

Point

✔ 패킷 캡처에 의해 네트워크를 흘러 다니고 있는 패킷을 조사할 수 있다.
✔ 자주 사용되는 패킷 캡처 도구로 Wireshark가 있으며 무료로 사용할 수 있다.

외부로부터의 침입을 탐지 · 방지

외부로부터의 침입을 탐지한다 //

외부로부터의 부정한 접속을 방지하기 위해 방화벽을 사용하지만, 부정한 접속과 정상적인 통신을 간단하게 구별할 수 없습니다. 예를 들어, 웹 서버에 대량 접속이 단시간에 발생하는 경우를 생각할 수 있습니다.

이렇게 외부로부터 공격받은 것을 탐지하기 위해, IDS(Intrusion Detection System, **침입 탐지 시스템**)가 사용됩니다. IDS에는 **네트워크 유형 IDS(NIDS)**와 **호스트 유형 IDS(HIDS)**가 있습니다.

NIDS는 네트워크에 설치하는 IDS로 소위 감시 카메라와 같은 역할을 합니다(**그림 2-24**). 어디까지나 모니터링만 하므로, 침입한 것을 탐지할 수는 있지만 침입을 막을 수는 없습니다. NIDS는 패턴 매칭(Pattern matching) 등의 방법을 이용하여 부정한 통신을 감지하는 것 외에 일반적인 상태에서는 발생하지 않는 통신 상황을 이상 현상으로 감지합니다.

HIDS는 호스트(컴퓨터)에 설치하는 IDS로, 집에 설치하는 홈 보안 센서와 같은 역할을 한다고 생각하면 이해하기 쉬울 것입니다(**그림 2-25**). 센서가 확인하는 영역에 어떤 변화가 발생하면 탐지하고 통지합니다. HIDS는 개별 컴퓨터에 도입되기 때문에 운영상의 부담은 크지만 탐지할 수 있는 것들은 많아집니다.

외부로부터의 침입을 방지한다 //

IDS는 침입을 탐지만 하기 때문에 대응이 늦어지는 경향이 있습니다. 침입을 확인하고 대책을 세우려고 할 땐 이미 기밀 정보가 유출된 후가 될지도 모릅니다.

그래서 IPS(Intrusion Prevention System, **침입 방지 시스템**)의 도입도 검토하게 됩니다. IPS는 기차를 탈 때 사용하는 자동 개찰구와 같은 역할을 합니다(**그림 2-26**). 부정하다고 판단된 승객의 입장을 막는 것과 같이, 잘못된 통신이 IPS를 통과하려고 할 때 탐지하고 통신을 차단합니다.

IPS는 침입이라고 판단된 통신을 차단하기 때문에, 잘못된 탐지가 발생하면 업무에 영향을 발생시키게 됩니다. 그러한 상황을 피하고 싶은 경우에는 IDS가 사용됩니다.

그림 2-24   NIDS

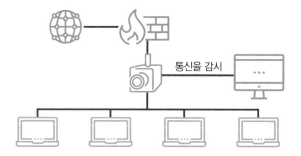

그림 2-25   HIDS

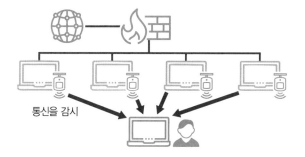

그림 2-26   IPS

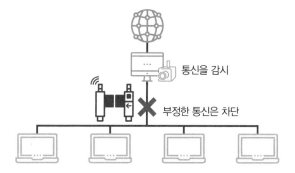

Point

✔ IDS에는 NIDS와 HIDS가 있고, 부정한 접속이나 특이한 접속의 탐지가 가능하다.

✔ IPS를 사용하면 불법 통신을 차단할 수 있지만, 잘못 탐지하는 경우에 대한 고려가 필요하다.

2-12
UTM, SIEM

집중 관리로 대책의 효과를 높인다

1개 하드웨어로 보안을 향상시킬 수 있는 "UTM"

방화벽이나 IDS/IPS, 바이러스 백신 소프트웨어 등을 개별적으로 도입하면 각각을 따로 운용함에 있어 큰 부하가 발생합니다. 그래서 이러한 것들을 하나의 제품으로 정리한 것이 **UTM**(Unified Threat Management, **통합 위협 관리**)입니다(그림 2-27).

1개의 하드웨어로 보안을 향상시킬 수 있기 때문에, 중소기업 등에서 관리에 소요되는 시간과 인력을 구비하기 어려운 경우에 많이 사용되고 있습니다. 한편 하나의 장비에 통신이 집중하기 때문에 쓰루풋(Throughput, 단위 시간당 처리, 전송할 수 있는 정보의 양) 성능이 낮아지고, 장애가 발생하는 경우 파급되는 영향이 커지는 단점도 있습니다.

관리자가 인시던트를 발견하기 위한 "SIEM"

UTM을 사용하여도 모든 공격을 막을 수 없습니다. 점점 정교해지고 있는 공격에 대해 "어떻게 비정상적인 상황을 인식하고, 발생 원인을 조사할 것인가"에 대한 대응방안이 필요합니다.

가까운 예로, 화재가 발생했을 경우 실제로 연기를 보고 냄새를 맡는 것으로 감지할 수 있습니다. 경우에 따라서는 비상벨이 울려서 귀로 들을 수 있습니다.

보안에서도 담당자가 신속하게 파악할 수 있는 구조가 필요합니다. 어떤 사고가 일어난 경우 이를 통합적으로 파악하는 접근법을 SIEM(Security Information and Event Management)이라고 합니다(그림 2-28).

서버가 제공하는 로그뿐만 아니라 네트워크 모니터링 결과와 이용자가 사용하고 있는 컴퓨터가 제공하는 다양한 로그를 통합하여 실시간으로 정보를 수집하고 표시합니다. 담당자는 그 화면을 보는 것만으로도 어떠한 이상 현상이 발생하고 있는지 파악할 수 있습니다.

그림 2-27 UTM

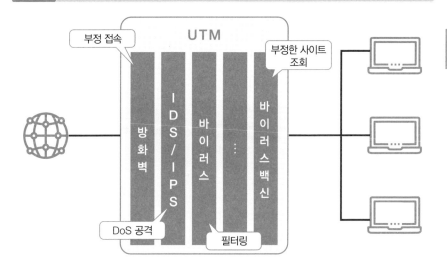

그림 2-28 SIEM

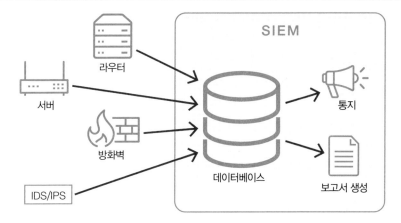

Point

✔ UTM을 도입하면 보안 장비들의 관리 비용을 절감할 수 있다.

✔ 다양한 보안 장비들로부터 발생되는 로그를 SIEM에서 한꺼번에 모아 관리함으로써 관리 담당자가 확인해야 할 정보를 통합할 수 있다.

2-13 DMZ, 검역 네트워크

네트워크를 분할한다

네트워크의 완충 지대 'DMZ'

네트워크를 설계할 때 크게 3개의 영역으로 나누어 생각할 수 있습니다. 그것은 내부 영역, 외부에 공개하는 영역, 인터넷 영역입니다. 여기에서 생각해야 하는 것은 "보안을 고려함에 있어서 서로 다르게 취급해야 하는 영역"입니다. 네트워크의 규모와 처리 정보의 중요성에 따라 내부 영역에 대해서 보다 세밀하게 나눌 필요가 있을지도 모릅니다.

외부에 공개하는 영역은 웹 서버나 메일 서버, DNS 서버, FTP 서버 등이 설치됩니다. 인터넷에 공개하는 서버이므로, 불특정 다수가 접근한다는 특징이 있습니다. 이처럼 인터넷과 내부 네트워크의 중간에 위치하는 영역을 **DMZ**(Demilitarized Zone: 비무장 지대)라고 부르며, 완충 지대 역할을 수행하고 있습니다(**그림 2-29**).

의심스러운 컴퓨터의 접속을 방지하는 "검역 네트워크"

외부로부터 노트북 PC를 반입해 사내 네트워크에 연결하는 경우 만약 해당 PC가 바이러스에 감염되어 있다면, 바이러스가 회사 내부의 컴퓨터들로 확산될 가능성이 있습니다. 방화벽을 사용하여 분할하는 방안에서는 회사 외부와 회사 내부의 네트워크를 분할할 수 있지만, 내부적으로 연결된 경우는 막을 수 없습니다.

그래서 회사 내부 네트워크에 연결하기 전에 일시적으로 연결할 수 있는 **검역 네트워크**를 사용하여 격리하고 안전을 확인한 후 내부 네트워크에 연결합니다(**그림 2-30**). 이렇게 하면 모든 컴퓨터들은 반드시 보안 검사를 받은 후 사용할 수 있게 됩니다.

검역 네트워크에서는 OS 업데이트 및 바이러스 백신 소프트웨어 정의 파일 업데이트도 할 수 있어 안전성을 높일 수 있습니다.

그림 2-29 DMZ

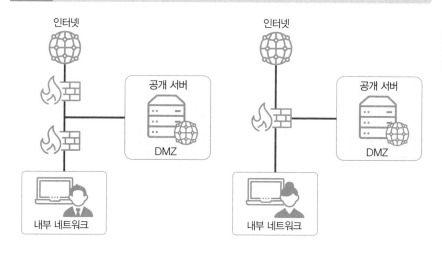

그림 2-30 검역 네트워크

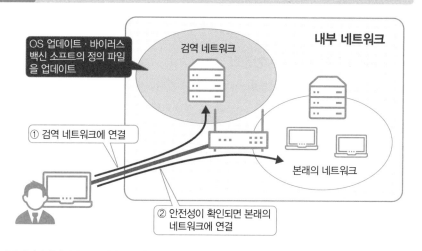

Point

✔ DMZ 사용으로 인터넷 등 외부와 통신하는 서버를 내부 네트워크와 분리할 수 있다.

✔ 보안이 의심스러운 컴퓨터는 내부 네트워크에 직접 연결하는 것이 아니라 검역 네트워크
에 연결하여 안전성을 높일 수 있다.

네트워크 접속을 관리한다

접속 가능한 단말기를 제한한다

사전에 이미 등록되어 있는 컴퓨터는 내부 네트워크에 연결시키고 싶지 않은 경우가 있습니다. 이러한 경우 스위치 등 네트워크 장비를 이용하여 접속을 관리하는 대표적인 방법으로 MAC 주소를 이용한 필터링(MAC Address Filtering)이 있습니다(그림 2-31).

접속이 허용된 기기의 MAC 주소를 미리 등록해 두는 것으로, 등록되지 않은 MAC 주소를 가진 기기가 접속되는 것을 방지하는 기능입니다. 등록되지 않은 기기를 연결하려고 할 때 해당 포트를 자동으로 정지시킬 수도 있습니다.

그러나 MAC 주소는 도구를 사용해 변경할 수 있기 때문에 허가된 PC인 것처럼 위장하여 접속할 수 있습니다. 또한 접속하는 기기들이 증가하게 되면, 관리 대상 MAC 주소의 숫자도 증가하기 때문에 운영 관리 비용이 증가하는 문제도 있습니다.

무선 LAN 접속제한 효과는 한정적

MAC 주소는 유선 네트워크뿐만 아니라 무선 LAN 액세스 포인트(Access Point)에서 접속을 제한하는 경우에도 사용할 수 있습니다. 무선 LAN 네트워크는 전파가 도달하는 범위라면 어디서나 접속할 수 있으므로 정규 이용자 이외에는 사용할 수 없도록 해야 합니다.

그러나 위에서와 같이 MAC 주소는 변경될 수 있으므로 다른 대책과 병용하지 않으면 보안의 효과가 제한적이 될 수밖에 없습니다.

마찬가지로, 무선 LAN 접속을 관리하기 위해 SSID 스텔스(Stealth)가 사용되는 경우가 있습니다. 이것은 무선 LAN 액세스 포인트의 식별자인 SSID를 알지 못하도록 숨기는 기능으로, 잘못 접속되는 것을 방지하는 것에는 효과적이지만 안전성을 높인다는 의미에서는 효과가 미미하다고 알려져 있습니다(그림 2-32). 숨겨진 SSID를 표시하는 도구가 존재하며 전파가 미치는 영역에 있는 액세스 포인트 목록을 쉽게 볼 수 있습니다.

그림 2-31   MAC 주소 필터링

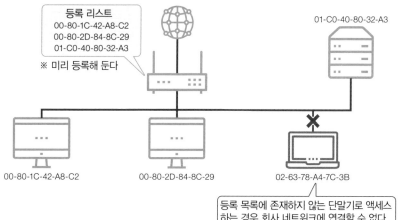

등록 리스트
00-80-1C-42-A8-C2
00-80-2D-84-8C-29
01-C0-40-80-32-A3

※ 미리 등록해 둔다

01-C0-40-80-32-A3

00-80-1C-42-A8-C2   00-80-2D-84-8C-29   02-63-78-A4-7C-3B

등록 목록에 존재하지 않는 단말기로 액세스
하는 경우 회사 네트워크에 연결할 수 없다

그림 2-32   SSID 스텔스

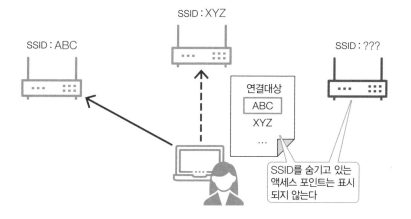

SSID : XYZ

SSID : ABC

SSID : ???

연결대상
ABC
XYZ
…

SSID를 숨기고 있는
액세스 포인트는 표시
되지 않는다

Point

✔ MAC 주소 필터링을 사용하여 네트워크에 접속할 수 있는 장치를 제한할 수 있지만, 접속
하는 기기가 늘어나면 관리가 힘들어진다.

✔ 무선 LAN의 MAC 주소와 SSID 스텔스는 보안 측면에서 효과가 한정적이라는 것을 이해
한 후 사용하여야 한다.

안전한 통신을 실현한다

무선 LAN 관련 암호화 방식의 변화

무선 LAN을 사용하면 전파가 닿는 범위 내라면 벽 등의 장애물이 있어도 통신할 수 있습니다. 유선 케이블이 필요 없어 편리한 반면, 악의적인 사람으로부터 표적이 되기 쉬운 환경이라고 할 수 있습니다. 전파는 눈에 보이지 않기 때문에 부정하게 접속되어 있어도 알아내기 어렵습니다(그림 2-33).

무선 LAN의 보안 설정 중에서도 항상 주목해야 하는 것은 **암호화 방식**입니다. 통신 중간에 내용이 보여진다거나 위조되는 것을 막기 위해 사용되지만, 이 암호화 방식을 적절하게 선택하지 않으면 단시간 내에 암호문이 해독되어 통신 내용이 도청될 가능성이 있습니다.

과거에는 WEP라는 암호화 방식이 많이 사용되었지만, 지금은 단시간에 암호를 해독하는 방법이 발견되었기 때문에 WPA 방식 또는 WPA2 방식으로 암호화하는 것이 권장되고 있습니다.

악의적인 액세스 포인트

실제로 존재하는 정규 액세스 포인트와 동일한 SSID 및 암호화 키가 설정된 액세스 포인트가 공격자에 의해 설치되어 있는 경우도 있습니다. 만약, 과거에 접속했던 정규 액세스 포인트 정보가 단말기에 저장되어 있다면 공격자가 설치한 악의적인 액세스 포인트에 자동으로 접속될 수도 있습니다.

이러한 액세스 포인트에 접속하면 통신 내용이 제3자에게 알려져서 악용될 우려가 있습니다.

"IEEE802.1X"에 의한 인증

LAN에 접속하는 단말기를 제한하기 위해 사용되는 인증 규격으로 IEEE 802.1X가 있습니다. 인증 장치와 인증 서버의 준비가 필요하기 때문에 도입이 어렵지만, 기업 등에서 접속하는 단말기를 제한하고자 하는 경우에는 효과적인 대책이 됩니다(그림 2-34). 무선 LAN뿐만 아니라 유선에서도 사용할 수 있습니다.

그림 2-33 무선 LAN 보안에서 고려해야 할 위협

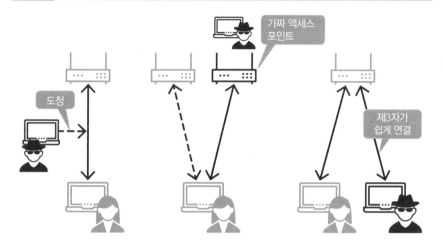

가짜 액세스
포인트

도청

제3자가
쉽게 연결

그림 2-34 IEEE802.1X 인증

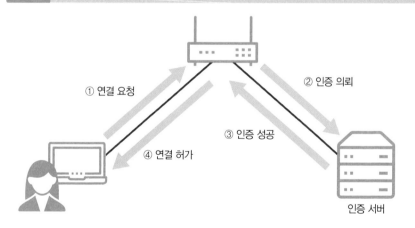

① 연결 요청

② 인증 의뢰

③ 인증 성공

④ 연결 허가

인증 서버

Point

✔ 무선 LAN 통신의 암호화 방식에는 WPS, WPA, WPA2 등의 방식들이 있지만, 현재는
  WPA 및 WPA2의 사용이 권고되고 있다.

✔ 접속하는 단말기를 제한하려면 IEEE 802.1 X 인증을 수행하면 된다.

해봅시다

자신의 행동을 보고 있었던 것처럼 광고가 표시되는 이유를 알아보자

인터넷에는 광고가 표시되는 웹 페이지가 있습니다. 표시되는 내용을 보면 과거에 방문했던 사이트나 사고 싶었던 상품들이 많은 것에 놀라는 사람도 있습니다. 지금까지 접속했던 적이 없는 사이트인데 어떻게 나의 관심 사항을 알고 있는 것일까요?

이러한 광고를 "리타게팅(Retargeting) 광고" 또는 "리마케팅(Remarketing) 광고"라고 부르는데, "Cookie"라는 기술을 사용하고 있습니다.

일부 웹 사이트에 접속하여 Cookie 내용을 확인해 봅시다. 예를 들어, 웹 브라우저로 Chrome을 사용하는 경우, Daum 메인 페이지(https://www.daum.net/)에 접속하면 다음과 같은 Cookie를 사용하고 있습니다(Daum 페이지가 표시되면 F12 키를 눌러 개발자 도구를 엽니다. "Application" 메뉴의 "Cookie"를 봐주세요).

이것을 보면 광고 게재 기업의 Cookie가 포함되어 있는 것을 볼 수 있습니다. 마찬가지로 다른 사이트에서도 Cookie 내용을 확인하면 접속하고 있는 도메인과는 상이한 도메인의 Cookie가 사용되고 있는 것을 알 수 있고, 복수의 사이트에서 광고를 내보내는 구조가 보입니다.

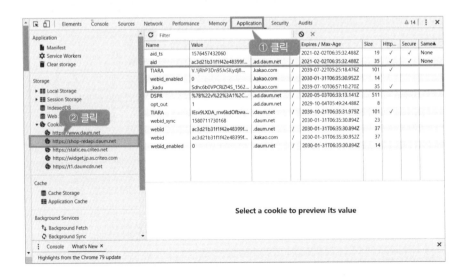

Chapter

3

바이러스 및
스파이웨어

감염에서 판데믹(Pandemic)으로

악성 코드의 종류

바이러스에는 여러 가지 유형이 존재한다 \\

최근에는 악성 소프트웨어를 총칭하여 **악성 코드**라고 부르는 경우가 많습니다. 악성 코드는 다른 프로그램에 기생하여 작동하는 **바이러스(그림 3-1)**와 스스로 자기복제하는 **웜**(Worm), 정상적인 프로그램인 것처럼 위장하며 자기 증식은 하지 않는 **트로이 목마**, 정보를 훔쳐가는 **스파이웨어**(Spyware) 등이 있습니다.

위에 기술한 바이러스와 웜, 트로이 목마를 포함하여 "광의의 바이러스"라고 부르기도 합니다(**그림 3-2**). 여기서는 "협의의 바이러스"로 매크로(Macro)나 스크립트(Script)를 사용하는 것을 생각해 봅시다.

예를 들어 Word나 Excel의 매크로를 사용하면 수동 입력 등을 자동화할 수 있지만, 이 기능을 악용하면 피해를 끼치는 작업을 수행할 수도 있습니다. 이러한 파일을 **매크로 바이러스**라고 부르며, 파일을 여는 순간에 실행되는 경우가 있습니다. 이외에도 Adobe Reader 등 스크립트를 실행할 수 있는 소프트웨어에 존재하는 취약점을 악용하여, PDF 등 언뜻 보기에 문제없어 보이는 파일을 열기만 해도 감염시키는 유형도 있습니다.

독립적으로 실행 가능한 "웜"과 숨어서 활동하는 "트로이 목마" \\\\\\\\\\\\\\\\\\\\\\\\\\\\

다른 소프트웨어가 필요한 바이러스와는 다르게 독립적으로 실행하는 특징을 가진 소프트웨어를 웜이라고 합니다. 네트워크를 통해서 다른 컴퓨터를 감염시키고 자기 복제를 합니다. 경우에 따라서는 인터넷에 연결되어있는 것만으로 다른 컴퓨터를 감염시킬 수 있습니다.

트로이 목마는 유용한 프로그램처럼 보이지만 실제로는 정보를 몰래 빼내기 위해 사용되는 소프트웨어로 사용자가 실수로 다운로드 하게 되는 경우도 있습니다. 웜처럼 다른 컴퓨터를 감염시키는 것은 아니지만 2-6에 등장하는 백도어(Backdoor)를 만들기 위해 사용되는 것이 일반적입니다.

그림 3-1 바이러스의 종류

「컴퓨터 바이러스 대책기준」에 근거한 바이러스의 정의

제3자의 프로그램과 데이터베이스에 대해 의도적으로 어떠한 피해를 입히기 위해 만들어진 프로그램이며 다음과 같은 기능을 하나 이상 가지는 것	
(1) 자기복제 기능	자기가 갖고 있는 기능으로 다른 프로그램에 자신을 복제하거나, 시스템 기능을 이용해서 자기를 다른 시스템에 복제하는 것으로 다른 시스템을 감염시키는 기능
(2) 잠복 기능	발병하기 위해서는 특정 시각, 일정한 시간, 처리 횟수 등의 조건을 기억시켜 발병할 때까지 감염된 증상을 나타내지 않는 기능
(3) 발병 기능	프로그램, 데이터 등 파일을 손상시키거나, 설계자가 의도하지 않은 동작을 하는 기능

Chapter

3

그림 3-2 악성 코드의 분류

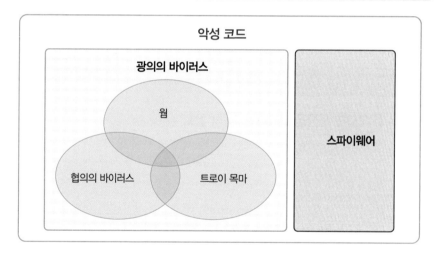

Point

✔ 바이러스는 "광의의 바이러스"와 "협의의 바이러스"로 구분되며 최근에는 악성 코드 (Malicious code)라는 말도 사용되고 있다.

✔ 바이러스 정의에서 웜은 "자기복제 기능", 트로이 목마는 "잠복 기능"에 해당된다.

바이러스 백신 클래식

바이러스 백신 소프트웨어는 "패턴" 업데이트가 필수

바이러스 백신 소프트웨어 제조업체는 기존의 바이러스를 수집하여 바이러스가 있는 파일의 특징을 **패턴(Pattern) 파일(바이러스 정의 파일)**로 제공합니다. 바이러스 백신 소프트웨어는 이 패턴과 비교함으로써 바이러스를 탐지하여 경고하거나 삭제합니다 (그림 3-3).

바이러스를 만드는 사람은 당연히 패턴 파일에 적합하지 않도록 바이러스를 새롭게 만들고 있습니다. 반면, 바이러스 백신 소프트웨어 제조사들은 패턴 파일을 업데이트하고 있습니다.

다람쥐 쳇바퀴 도는 것 같지만 최근의 바이러스에 대응하기 위해서는 이 패턴 파일을 항상 최신 상태로 유지하는 것이 중요합니다. 업데이트하지 않으면 새로 생겨난 바이러스에 대응할 수 없기 때문에 자동 업데이트 설정을 하는 것뿐만 아니라 제대로 업데이트되었는지 정기적으로 확인해야 합니다.

바이러스와 유사한 동작을 찾아내는 "동작 감지"

패턴 파일을 준비하는 방법에서는, 패턴 파일이 제공될 때까지 이용자는 바이러스의 감염을 막을 수 없습니다. 그래서 최근의 바이러스 백신 소프트웨어는 **동작 감지** 기능을 제공합니다.

일반적인 바이러스는 **일정한 간격으로 서버와 통신**하고 컴퓨터의 내부를 마음대로 조사하기도 합니다(그림 3-4). 그래서 이러한 동작을 하는 프로그램의 행동을 탐지해서 해당 프로그램의 실행을 중지합니다.

이 방법을 사용하면 알려지지 않은 바이러스라도 지금까지의 바이러스와 유사한 움직임을 하는 경우엔 감지를 통해 실행을 중지할 수 있습니다. 다만, 비슷한 움직임을 보이는 정상적인 프로그램도 감지하기 때문에, 잘못된 탐지를 할 가능성도 높다는 특징이 있습니다.

그림 3-3 패턴 파일

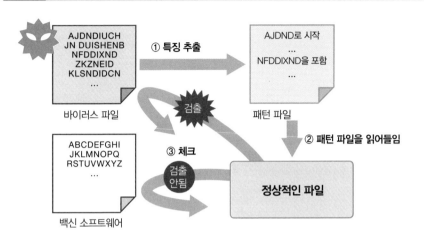

바이러스 파일
패턴 파일
백신 소프트웨어
정상적인 파일

① 특징 추출
② 패턴 파일을 읽어들임
③ 체크
검출
검출 안됨

AJDNDIUCH
JN DUISHENB
NFDDIXND
ZKZNEID
KLSNDIDCN
...

AJDND로 시작
...
NFDDIXND을 포함
...

ABCDEFGHI
JKLMNOPQ
RSTUVWXYZ
...

그림 3-4 일반적인 바이러스 동작

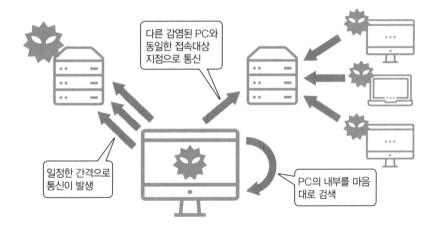

다른 감염된 PC와 동일한 접속대상 지점으로 통신
일정한 간격으로 통신이 발생
PC의 내부를 마음 대로 검색

Point

✔ 바이러스 백신 소프트웨어 패턴은 기존 바이러스의 특징을 정리한 것이며, 항상 최신 상태로 유지하는 것이 중요하다.

✔ 알 수 없는 바이러스에 대응하기 위하여 동작 감지 구조를 가진 바이러스 백신 소프트웨어가 늘어나고 있다.

바이러스에 대응하는 소프트웨어 기술

인터넷에 함정을 설치

동작감지 기능을 보유하고 있다고 해도 바이러스 백신 소프트는 패턴 파일이 중요합니다. 이 패턴을 생성하기 위해서는 바이러스 백신 소프트웨어 제조업체가 바이러스를 수집해야 합니다.

바이러스를 수집하기 위해 사용되는 것이 **허니팟**(Honey pot)입니다. 소위 "미끼"로 인터넷에 설치되는데, 외관과 동작은 실제 사용되고 있는 컴퓨터와 유사하게 만들어졌고 바이러스 및 부정한 접속 공격에 취약하도록 설정되어 있습니다(**그림 3-5**).

공격하기 쉬운 환경이므로, 바이러스 제작자와 공격자가 공격 대상으로 노리고 있습니다. 이처럼 실제로는 사용되지 않은 환경을 "실제 시스템"인 것처럼 보이게 하여, 이곳이 **공격받도록 하고 바이러스를 수집하는** 것으로 패턴 파일을 만드는 데 도움을 줍니다.

프로그램의 동작을 확인하는 '샌드 박스'

동작 감지를 하기 위해 실제 컴퓨터가 아닌 가상으로 프로그램을 실행할 수 있는 환경을 제공하고 있는데, 이러한 환경을 **샌드 박스**라고 합니다(**그림 3-6**).

샌드 박스는 "모래 상자"로 번역되는데, 어린이가 공원의 모래 밭에서 노는 것처럼 안전한 장소를 제공하는 것을 의미합니다. 본래의 컴퓨터에 영향을 주지 않도록 샌드 박스에서 실행함으로써 만약 대상 프로그램이 바이러스인 경우에도 피해를 줄일 수 있습니다.

샌드 박스에서 실행된 프로그램이 어떤 행동을 하고 있는지 확인하여 바이러스 검출에 활용하고 있습니다. 바이러스 백신 소프트웨어에도 유사한 기능을 가지는 것이 있으며, 소프트웨어를 다운로드한 경우에 한번에 실행되지 않고 샌드 박스 환경에서 실행함으로써 동작을 확인할 수 있습니다.

그림 3-5 허니팟

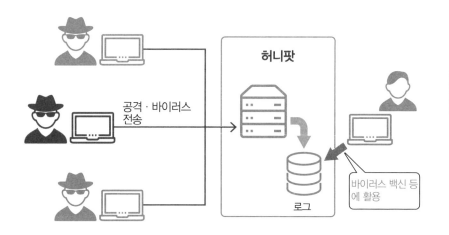

공격 · 바이러스
전송

허니팟

로그

바이러스 백신 등
에 활용

Chapter
3

그림 3-6 샌드 박스

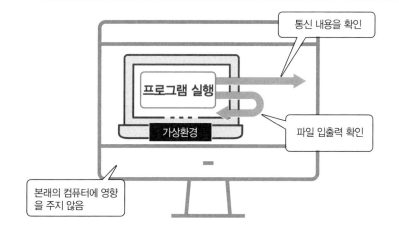

통신 내용을 확인

프로그램 실행

가상환경

파일 입출력 확인

본래의 컴퓨터에 영향
을 주지 않음

Point

✔ 공격 기법이나 바이러스를 수집하는데 허니팟이 도움이 될 수 있다.
✔ 샌드 박스에 의해 본래의 컴퓨터에 영향을 주지 않고 프로그램의 동작을 확인할 수 있다.

3-4 피싱, 파밍

가짜 사이트를 이용한 공격

ID나 패스워드를 훔치는 가짜 사이트에 주의 \\\

진짜 웹 사이트인 것처럼 위장된 가짜 웹 사이트를 준비한 뒤, 이메일 등을 통해 해당 URL로 이용자를 유도하여 입력된 ID와 비밀번호를 훔치는 수법을 **피싱**(Phishing) 이라고 합니다(**그림 3-7**).

지금까지는 금융 기관이나 신용 카드 회사 등의 행세를 하여 부정 송금이나 카드 번호를 노리는 사이트가 자주 확인되었지만, 최근에는 SNS 등을 포함한 일반 웹 사이트에서도 같은 수법이 등장하고 있습니다. 일반 사이트와 동일한 모습의 가짜 사이트를 만드는 것은 간단하기 때문에 알아차리기 어렵다는 특징이 있습니다.

접속하려는 사이트가 진짜 웹 사이트와는 다른 URL이므로, 웹 브라우저 등으로 표시되는 URL을 확인하면 대부분 방지할 수 있습니다. 또한 이메일 등으로 전송된 링크를 클릭할 것이 아니라, 웹 브라우저의 즐겨 찾기 등에 등록된 링크 정보를 사용하여 해당 사이트에 접속하는 것도 하나의 대책입니다.

누구나 속을 가능성이 있는 "파밍" \\\

조작된 가짜 사이트를 사용하는 방법으로 **파밍**(Pharming)이 있습니다. 진짜와 꼭 닮은 사이트를 사용한다는 점에서는 피싱과 비슷하지만, URL에 해당하는 IP 주소를 조작하는 준비를 한다는 것이 다릅니다(**그림 3-8**).

웹 사이트를 열어 볼 때, 컴퓨터의 백그라운드에서는 연결하고자 하는 웹 서버를 DNS라는 구조로 확인하고 있습니다. 이용자가 입력한 URL로부터 해당 페이지가 존재하는 웹 서버의 IP 주소를 취득하고 이 IP 주소로 된 서버에 접속하는 것인데, 가짜 사이트의 IP 주소가 반환되면 동일한 URL도 가짜 웹 서버에 접속해 버립니다.

이 경우 URL을 확인하는 것만으로는 가짜 사이트에 접속하고 있다는 것을 알기 어렵습니다.

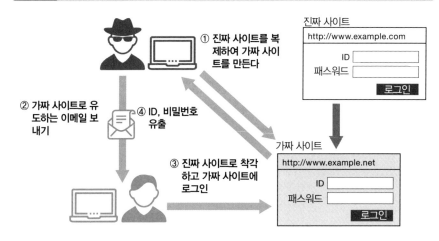

그림 3-7 피싱

① 진짜 사이트를 복제하여 가짜 사이트를 만든다

② 가짜 사이트로 유도하는 이메일 보내기

④ ID, 비밀번호 유출

③ 진짜 사이트로 착각하고 가짜 사이트에 로그인

진짜 사이트
http://www.example.com
ID
패스워드
로그인

가짜 사이트
http://www.example.net
ID
패스워드
로그인

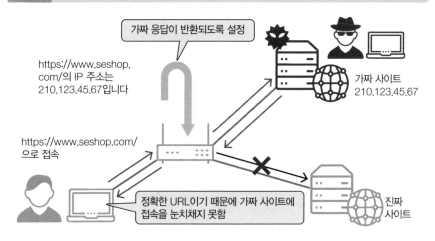

Chapter 3

그림 3-8 파밍

가짜 응답이 반환되도록 설정

https://www.seshop.com/의 IP 주소는 210.123.45.67입니다

https://www.seshop.com/으로 접속

가짜 사이트
210.123.45.67

진짜 사이트

정확한 URL이기 때문에 가짜 사이트에 접속을 눈치채지 못함

Point

✔ 금융 기관 이외에 SNS 등 일반 사이트를 포함한 피싱도 늘어나고 있다.

✔ 파밍에 의해 IP 주소가 위조된 경우라면, 가짜 사이트에 접속하고 있다는 것을 알아채기 어렵다.

메일을 이용한 공격과 사기

불필요한 메일이 대량으로 보내지는 "스팸 메일"

수신자의 의사를 무시하고 보내 오는 메일을 **스팸(Spam) 메일**이라고 부르고 있습니다(그림 3-9). 어떤 방법으로 수집한 메일 주소나 무작위로 생성한 메일 주소를 대상으로 일괄적으로 전송되는 경우가 많다고 알려져 있습니다.

해외에서 보낸 영어 편지라면 쉽게 스팸 메일이라고 판별할 수 있겠지만, 최근에는 상황이 바뀌었습니다. 특정 기업을 겨냥한 공격도 증가하고 있어 익숙한 사람도 간파할 수 없는 메일이 증가하고 있습니다. 메일에 첨부된 파일을 실행하고, 메일 본문에 기록된 URL을 클릭할 때 바이러스에 감염될 수 있습니다.

계약 성립인 것처럼 가장하는 '원 클릭 사기'

링크를 클릭한 것만으로 커다란 액수의 요금이 청구되는 청구 사기의 일종이 **원 클릭 사기**입니다. 이름 그대로 한 번 클릭으로 "회원 가입 감사합니다!"란 메시지가 표시되며 확인 화면 등은 나타나지 않는 특징이 있습니다(그림 3-10).

메일 뿐만이 아니라 스마트폰 등으로 사이트를 조회하면서 잘못 탭(Tap)한 것만으로 "등록 완료"라고 표시되는 사례도 보고되고 있습니다.

최근의 트렌드는 '비즈니스 메일 사기'

2017년부터 화제가 되고 있는 것이 바로 실제 거래처로 위장하여 송금 계좌를 변경하는 것처럼 편지를 보내는 **비즈니스 메일 사기**입니다(그림 3-11).

진짜 거래처와 상호 진행되고 있는 내용과 대상을 미리 연구한 후 전송되기 때문에 진짜와 분간할 수 없을 정도의 문구가 사용됩니다. 메일을 이용한 입금 사기와 같은 것인데, 의문스러운 경우에는 전화 등의 다른 방법으로 상대방에게 직접 확인할 필요가 있습니다.

그림 3-9 스팸 메일

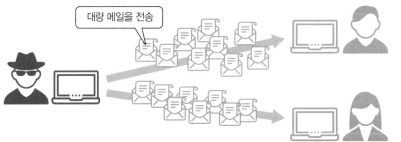

대량 메일을 전송

그림 3-10 원 클릭 사기의 예

Click!

회원 가입 감사합니다!
긴급, 아래의 계좌로 연회비를 입금해주세요.
498,000원

〈당신의 개인정보〉
IP 주소 : xxx.xx.xx.xx
...

그림 3-11 비즈니스 메일 사기의 예

"청구서를 보내드립니다."

"입금계좌를 변경했습니다."

"알겠습니다."

"알겠습니다."

Point

✔ 최근에는 문구가 정교해져서 스팸 메일 여부를 판단하기 어려운 사례가 늘고 있다.

✔ 원 클릭 사기는 클릭하지 말고 무시하는 것이 중요하다.

✔ 거래처 등으로 행세하는 위장 비즈니스 메일 사기가 화제가 되고 있다.

정보를 훔치는 소프트웨어

모르는 사이에 정보를 도둑맞다

무료 게임이나 유용한 도구를 설치할 때 나도 모르게 다른 소프트웨어도 자동으로 설치하게 되는 경우가 있습니다. 단순히 게임을 즐기려 했을 뿐인데, 보이지 않는 곳에서 내 개인정보가 외부로 전송되고 있는지도 모릅니다.

이렇게, ID나 패스워드 혹은 컴퓨터에 저장되어 있는 사진 등을 외부에 송신하는 소프트웨어를 **스파이웨어**(Spyware)라고 합니다(**그림 3-12**). 이용자의 개인정보나 접속 이력 등의 정보를 수집할 목적인 경우가 많고, 바이러스에 대한 정의와도 맞지 않기 때문에 바이러스와는 별개로 취급되는 것이 일반적입니다.

또한 광고를 표시함으로써 접속 기록 등을 수집하고 광고 수익을 얻는 소프트웨어는 **애드웨어**(ADware)라고 합니다. 이러한 것도 마음대로 정보를 전송하기 때문에 스파이웨어로 분류되는 경우가 있습니다.

이용 약관에 기재되어 있어도, 이용자가 그것을 읽어 보지 않았거나 혹은 이해하지 못하는 것도 문제가 되고 있습니다.

키보드로 입력한 것이 환히 보이는 "키 로거"

이용자가 컴퓨터에 입력하는 키보드 내용을 감시하고 기록하는 소프트웨어를 **키 로거**(Key Logger)라고 합니다. 컴퓨터에 기록하는 것만이라면 별다른 문제가 없겠으나 인터넷을 통해 자동으로 외부로 전송되면 로그인할 때 ID와 비밀번호, URL과 개인정보가 유출될 가능성이 존재합니다(**그림 3-13**).

2013년에 언어 입력 소프트웨어에 유사한 기능이 있어서 이용 방법에 따라 정보 유출로 이어질 가능성이 있다는 뉴스가 보도되었습니다. 언어를 변환하는 효율을 향상시키는 것에 도움이 되는 유용한 기능이라고 해도 사용 여부에 따라 개인정보가 유출될 수 있어서 일반 이용자를 불안하게 만드는 사례였습니다.

그림 3-12　스파이웨어

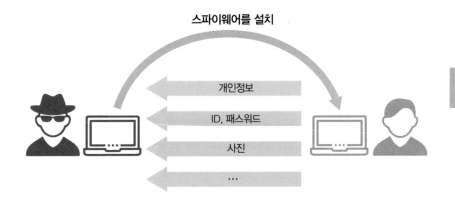

스파이웨어를 설치

개인정보

ID, 패스워드

사진

...

그림 3-13　키 로거

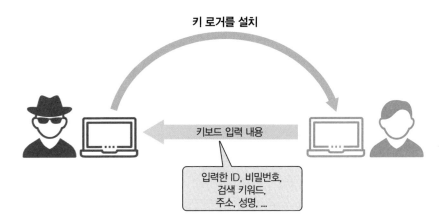

키 로거를 설치

키보드 입력 내용

입력한 ID, 비밀번호,
검색 키워드,
주소, 성명, ...

Point

✔ 무료 소프트웨어를 사용하는 경우에 이용 약관 등을 확인하지 않으면 스파이웨어를 임의
　로 설치하는 경우도 있다.

✔ 유용한 소프트웨어라도 임의로 광고를 표시하거나 입력한 키보드 내용을 외부에 전송할
　수 있기 때문에 설치 시 주의가 필요하다.

몸값을 요구하는 바이러스

임의로 파일이 암호화된다

취약점을 사용하여 컴퓨터에 있는 파일을 마음대로 암호화하거나 사용하지 못하도록 특정한 제한을 걸어놓고 원래대로 되돌리려면 돈을 지불하라고 요구하는 유형의 바이러스를 **랜섬웨어**(Ransomware)라고 합니다. 한국어로 번역하면 "몸값 바이러스"로 번역되지만, 몸값을 지불해도 원래대로 되돌아 온다는 보장은 없습니다(**그림 3-14**).

돈을 지불하지 않고 원래대로 돌아가기 위해서는 시스템을 초기화한 후, 백업한 데이터를 통해 복구하는 방법을 생각할 수 있습니다. 일부 랜섬웨어에 대해 대금을 지불하지 않아도 파일을 풀어주는 도구가 공개되어 있지만(**그림 3-15**), 기본적으로 중요 데이터는 **백업을 받아두는** 대책이 필요합니다. 백업이 존재하지 않으면 데이터가 손실되어 버리고, 단말기에 항상 연결되어있는 외장 하드 디스크에 백업을 하면 해당 하드 디스크를 포함하여 암호화되어 버릴 가능성이 있습니다. 게다가 조직 내 컴퓨터에 감염이 확산되면 피해가 점점 커지기 때문에 주의가 필요합니다.

몸값 송금에 사용되는 비트코인

최근에는 **가상 화폐**가 투기 목적으로 큰 화제가 되고 있는데, 특히 비트코인을 중심으로 급증하고 있습니다. 가상 화폐는 지금까지의 통화나 전자 화폐처럼 중앙 집중적인 관리가 필요가 없고, 개인이 비트코인 주소를 지정하여 직접 교환할 수 있다는 특징이 있습니다. 그러면 송금 수수료를 보다 저렴하게 할 수 있으며, 개인을 특정할 수 없어 보안 측면에서 안전성이 높다는 것도 눈길을 끌었던 이유입니다.

이 높은 익명성을 악용하여 랜섬웨어로 몸값을 거래하기 위해 비트코인 등 가상 화폐가 사용되었습니다. 송금 대상을 확인하기 어렵기 때문에 공격자는 저비용 저위험으로 몸값을 받는 것이 가능하게 되었습니다.

그림 3-14 랜섬웨어

② 랜섬웨어를 실행하면
파일이 암호화된다

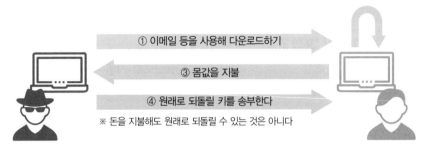

① 이메일 등을 사용해 다운로드하기

③ 몸값을 지불

④ 원래로 되돌릴 키를 송부한다

※ 돈을 지불해도 원래로 되돌릴 수 있는 것은 아니다

그림 3-15 일부 랜섬웨어에 대한 암호 해독 도구를 제공하는 'No More Ransom'

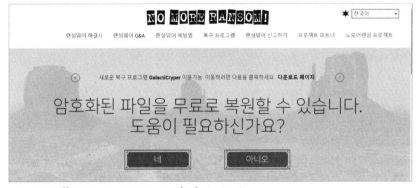

NO MORE RANSOM!

★ 한국어

랜섬웨어 해결사   랜섬웨어 Q&A   랜섬웨어 예방법   복구 프로그램   랜섬웨어 신고하기   프로젝트 파트너   노모어랜섬 프로젝트

새로운 복구 프로그램 **GalactiCryper** 이용가능 이동하려면 다음을 클릭하세요 **다운로드 페이지**

암호화된 파일을 무료로 복원할 수 있습니다.
도움이 필요하신가요?

네   아니오

URL : https://www.nomoreransom.org/ko/index.html

Point

✔ 랜섬웨어에 감염되는 경우를 대비해 백업을 받아두어야 한다.

✔ 일부 랜섬웨어에 대해서는 암호 해독 도구가 존재한다.

✔ 몸값의 송금 주소를 특정하지 않기 때문에 비트코인 등이 사용될 수 있다.

3-8

표적 공격, APT 공격

막기가 어려운 표적 공격

특정 조직을 겨냥한 '표적 공격'

최근에는 바이러스 백신 소프트웨어의 정확도가 향상되고 기업 등에 필수적으로 도입되고 있어, 일반적인 바이러스에는 감염되기 어려운 상황입니다.

그래서 특정 조직을 겨냥해 그 조직에서 자주 사용하고 있다고 생각되는 메일 주고받기를 하는 것으로 신뢰하게 하는 수법이 늘고 있습니다. 이를 **표적 공격**이라고 부르며, 바이러스 백신 소프트웨어에서 감지할 수 없는 새로운 바이러스가 사용됩니다 (그림 3-16).

표적 공격의 특징은 메일 수신자가 의심을 품을 수 없는 테크닉을 사용하고 있는 것입니다. 메일을 보낸 사람 이름을 실제로 존재하는 조직과 개인의 이름으로 사칭하거나 업무와 관련이 깊은 주제를 사용하기도 합니다. 예를 들어, 인사부 담당자 앞으로 이력서를 보낸 것처럼 보여지게 하면 담당자는 이력서를 열지 않을 수 없는데, 실제로는 매크로 바이러스가 첨부되어 있는 경우가 있습니다.

몇 번이라도 반복되는 APT 공격

표적 공격 중에서도 고급 기술을 구사하는 공격을 **APT 공격**이라고 부릅니다. APT는 Advanced Persistent Threat의 약자로 직역하면 "진보되고 지속적인 위협"입니다. "지속적인" 공격이 이루어지는 것이 핵심입니다.

APT 공격은 표적 메일 등을 통해 직원의 컴퓨터에 침입한 후 조직에 들키지 않도록 숨어 장기간 공격을 합니다(그림 3-17). 따라서 외부에서 공격하는 표적 공격보다 조직 내부에서 정보를 훔치는 방법으로 많이 사용되고 있습니다.

실제로 여러 기술이 조합된 공격을 여러 번 받게 되면, 모든 것을 완벽하게 막을 수는 없습니다. 장기간 다양한 공격 방법을 사용하게 되면, 조직 차원의 대책이 실시되어도 새로운 공격 방법으로 피해갈 수 있습니다. 또한 일상적으로 유사한 통신이 발생한다면 이상하다고 알아차리기 어렵다는 문제도 있습니다.

그림 3-16 표적 공격의 예

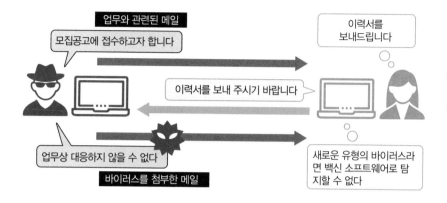

그림 3-17 APT 공격

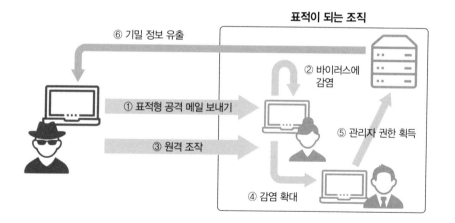

Point

✔ 표적 공격은 바이러스 백신 소프트웨어로도 탐지 못하고, 메일 내용에 대해서 이상하다고 판단할 수 없기 때문에 바이러스 감염의 위험이 높다.

✔ 바이러스에 감염시키는 것뿐만 아니라 다양한 기법을 사용하여 지속적으로 공격하는 APT 공격을 막는 것은 불가능에 가깝다.

주의해야 할 기타 웹 위협

모르는 사이에 소프트웨어가 다운로드 된다 \\\\\\\\\\\\\\\\\\\\\\\\\\\\\\\\\\\\\\\

웹 사이트를 조회하는 것만으로 소프트웨어가 다운로드 되도록 하는 행위를 **드라이브 바이 다운로드**(Drive by downloads)라고 합니다(**그림 3-18**). 화면에 아무것도 표시되지 않으며 사용자가 알지 못하는 사이에 바이러스 등 악성 프로그램을 다운로드하고 있을 가능성이 있습니다.

수상한 사이트를 방문하지 않으면 안전할 것으로 생각하지만, 기업이 제공하는 공식 웹 사이트가 변조되어 해당 사이트에 접속한 사람들을 자동으로 악의적인 웹 사이트로 유도하게끔 만들어진 것도 있습니다.

드라이브 바이 다운로드가 발생되지 않도록 OS나 웹 브라우저 등에서 대응이 이루어지고 있지만, 취약점 악용이나 바이러스 감염 등에 의해 대응이 유효하지 않을 때가 있습니다.

설정을 잘못하면 위험한 "파일 공유 서비스" \\\\\\\\\\\\\\\\\\\\\\\\\\\\\\\\\\\\\\\

파일이 대용량이어서 메일로 첨부할 수 없는 경우에 파일 공유 서비스 등을 사용하고 있습니다(**그림 3-19**). 최근에는 클라우드 기반의 파일 공유 서비스도 많이 볼 수 있으며 백업 등에도 편리하게 사용되고 있습니다.

그러나 대용량 파일 전달은 위험합니다. 개인정보나 기밀정보가 포함된 파일 등을 공유해 버리면 전 세계에 공개되어 버릴 가능성이 있습니다.

본인이 인식하지 못하는 상태에서 실수로 인하여 공개되도록 설정을 하게 되는 경우가 있으며, 바이러스에 감염되어 있어 임의로 파일이 업로드되거나 공개 관련 설정이 변경되어 버리는 경우가 있습니다.

특히, "파일 교환 소프트웨어"라고 하는 P2P(Peer to Peer) 형태의 네트워크에서는 주의가 필요합니다.

그림 3-18 드라이브 바이 다운로드

정식 웹 사이트

② 변조된 것을 눈치채
지 못하고 접속

① 변조

③ 바이러스 다운로드

④ 바이러스에 감염

그림 3-19 파일 공유 서비스

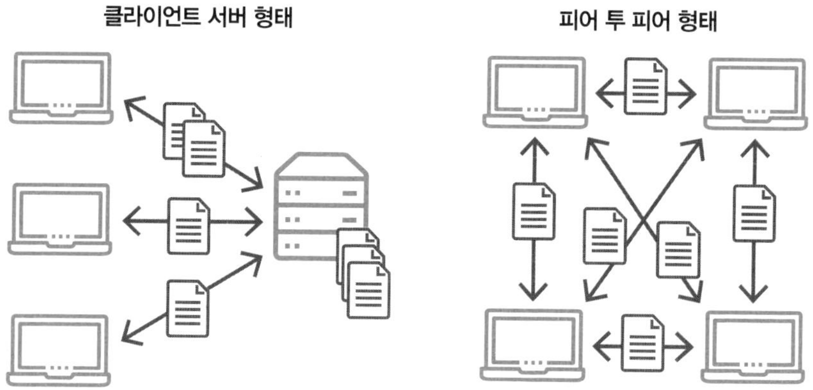

클라이언트 서버 형태

피어 투 피어 형태

Point

✔ 드라이브 바이 다운로드의 경우 임의로 소프트웨어가 다운로드되고 있어도 이용자는 눈치채지 못한다.

✔ 파일 공유 서비스는 편리하지만, 마음대로 공개되도록 설정되어 있지 않은지 확인이 필요하다.

✔ 파일 공유 서비스와 파일 공유 소프트웨어를 사용하는 경우 개인정보나 기밀정보 등의 정보 유출에 주의해야 한다.

✔ P2P 형태의 파일 공유 소프트웨어인 경우 한 번 공개되면 단번에 전 세계로 배포되어 버릴 가능성이 있다.

바이러스 감염은 PC만이 아니다

항상 인터넷에 연결되어 있는 IoT 기기

인터넷에 연결되어 있으면 외부로부터 공격을 받거나 바이러스에 감염될 가능성이 있습니다. 특히 라우터 등의 장비는 항상 인터넷에 연결되어 있습니다.

또한 최근에는 Web 카메라 등 외부로부터 접속하는 데 사용되는 기기도 증가하고 있습니다(그림 3-20). 인터넷에 연결하면 편리한 IoT 기기가 보급되면서 PC나 스마트폰 이외에도 바이러스 감염 피해가 보고되고 있습니다.

그 이유 중의 하나로 이용자의 낮은 보안 의식을 들 수 있습니다. 가전 기기처럼 생각해서 인터넷에 연결되어 있다는 것의 위험성을 이해하지 못하고, 핫픽스(Hotfix) 등이 제공되고 있는 것을 알지 못하는 등 이용자의 낮은 보안 의식이 문제로 지적되고 있습니다.

차례 차례 등장하는 '변종'

IoT 기기를 겨냥한 Mirai라는 악성 코드가 발견되고 그것의 소스 코드가 인터넷 상에 공개되었습니다(그림 3-21). 이것으로 인해 소스 코드를 약간만 바꾸면 누구나 악성 코드의 변종을 만들 수 있게 되었습니다.

IoT 기기에는 디스플레이 화면이 없는 기기도 많으며, 바이러스 백신 소프트웨어 등도 사용되지 않습니다. 따라서 감염된 것을 눈치채지 못한 상태에서 사용하는 경우가 존재하며, 외부로 공격하는 가해자가 되어버릴 가능성도 있습니다.

앞으로도 IoT 기기의 종류가 늘어날 것으로 예상되며, 이에 따라 공격도 고도화될 것으로 생각됩니다. 기본적인 대책으로는 PC와 마찬가지로 암호를 복잡하게 변경하고 핫픽스(Hotfix)를 적용하는 것이 필요합니다.

그림 3-20   IoT 기기

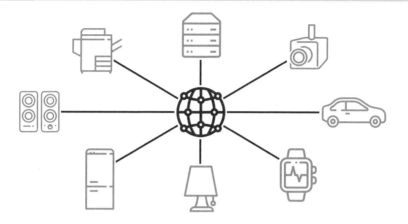

그림 3-21   Mirai Bot 소스 코드를 변형한 악성 프로그램에 의한 공격

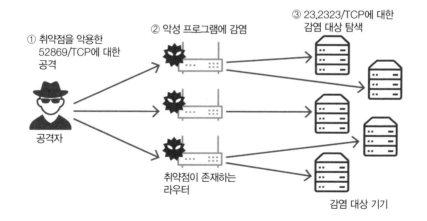

Point

✔ 최근에는 IoT 기기가 많이 사용되고 있으며, 이들을 겨냥한 공격도 늘어나고 있다.

✔ IoT 기기에 대해서도 일반적인 컴퓨터와 같이 기본적인 대책을 실시하는 것이 중요하다.

해봅시다

메일 보낸 사람을 조작해 봅시다

메일 소프트웨어의 설정을 변경하면 간단하게 메일을 보내는 사람을 조작할 수 있습니다. 표시되는 이름을 바꿀 수 있을 뿐만 아니라 메일 주소에 대한 변경도 가능합니다. 예를 들어, Outlook인 경우 다음과 같이 계정에 대한 설정을 변경합니다(송수신에 사용하는 ID와 비밀번호 등은 변경하지 않고, 표시되는 이름을 변경하는 것이 핵심입니다).

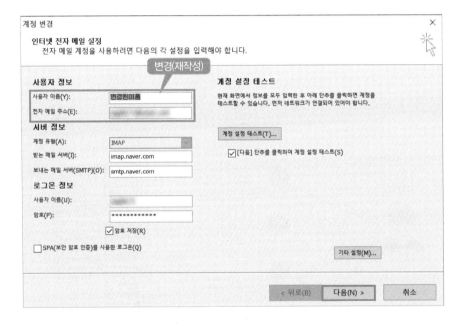

설정한 계정으로 메일을 보내 봅니다(다른 사람에게 보내면 오해하기 쉽기 때문에, 자신에게 보내 봅시다). 수신된 메일에 회신하려고 하면 목적지 주소가 어떻게 되는지 확인해 보세요.

테스트용 메일
변경된이름 <　　　　　　　>
보낸 날짜: 2020-02-03 (월) 오후 5:43
받는 사람:

이메일은 테스트용으로 보내진 메일입니다.

Chapter

4

취약점에 대응

결함을 노리는 공격

소프트웨어 결함의 분류

결함과 취약점, 보안 허점의 차이

소프트웨어 설계 시 예상했던 것과 다르게 동작하는 것을 **결함**이나 **버그**라고 합니다. 인간이 만드는 것이므로 문제가 생기는 것은 피할 수 없습니다. 결함이 존재하면 설계한 대로 동작하지 않기 때문에 평소에 사용할 때도 문제가 발생합니다.

한편, 정보 보안상에 결함이 존재하는 것은 **취약점**이라고 합니다. 취약점은 평소에는 별다른 문제없이 사용할 수 있다는 특징이 있습니다. 즉, 일반 이용자는 취약점이 존재하는 것을 좀처럼 인식하지 못합니다. 단지, "설계한대로 움직이지 않는다"라는 의미에서는 결함으로 분류되는 경우가 많습니다(그림 4-1).

취약점과 비슷한 말로 **보안 허점**(Security Hole)이 있습니다. 원래는 발생될 수 없는 작업이 조작 오류 등으로 인하여 발생하거나, 보여지면 안 되는 정보가 제3자에게 보여지게 되는 것과 같은 결함을 말합니다.

이 두 개의 단어가 같은 의미로 사용되는 경우도 있지만, 엄밀하게는 얘기하면 보안 허점은 취약점의 일부입니다(그림 4-2). 보안 허점은 소프트웨어의 취약점이지만, 단지 소프트웨어에 한정된 이야기는 아닙니다. 사람이 보안에 대한 지식이 적은 경우 "인적 취약점"이라고 얘기하기도 합니다. 즉, 사람이나 업무 프로세스에 대해서도 취약점이라는 말이 사용되고 있습니다.

공격자의 입장에서 생각하면, 취약점을 노림으로써 부정한 행위를 가능하게 할 수 있게 됩니다. Windows OS, Java, Adobe Flash, Adobe Reader 등 일반적으로 사용하는 소프트웨어도 거의 매달 취약점이 발견되고 있고, 서버에서 동작하는 소프트웨어에서도 많은 취약점이 발견되고 있습니다.

개발자의 지식 부족과 낮은 보안 의식으로 인한 결함이나 취약점이 발생하는 경우도 많으므로 공격당하는 것을 가정한 개발이 요구되고 있습니다. 또한 새로운 공격 수법이 속속 등장하고 있기 때문에 개발자도 항상 최신 정보를 입수하는 것이 필요합니다. 또한 취약점 발견 시 대응 방안도 염두에 두는 것이 중요합니다(그림 4-3).

그림 4-1 결함(버그)와 취약점의 차이

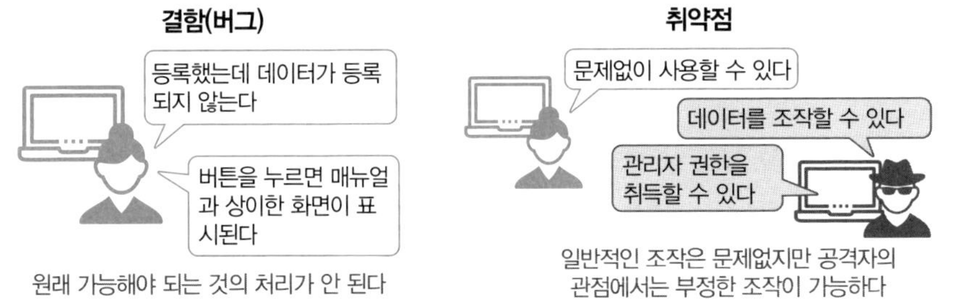

결함(버그)

등록했는데 데이터가 등록되지 않는다

버튼을 누르면 매뉴얼과 상이한 화면이 표시된다

원래 가능해야 되는 것의 처리가 안 된다

취약점

문제없이 사용할 수 있다

데이터를 조작할 수 있다

관리자 권한을 취득할 수 있다

일반적인 조작은 문제없지만 공격자의 관점에서는 부정한 조작이 가능하다

그림 4-2 결함과 취약점 보안 취약점의 관계

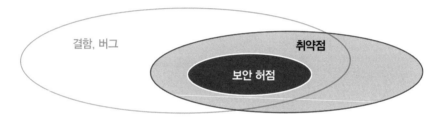

결함, 버그

취약점

보안 허점

그림 4-3 결함과 취약점 보안 취약점의 관계

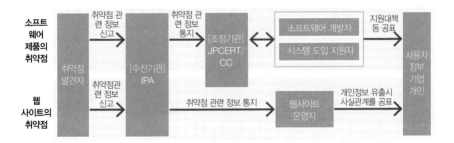

소프트웨어 제품의 취약점

취약점 발견자

취약점 관련 정보 신고

[수신기관] IPA

취약점 관련 정보 통지

[조정기관] JPCERT/CC

소프트웨어 개발자

시스템 도입 지원자

지원대책 등 공표

취약점관련 정보 신고

웹사이트의 취약점

취약점 관련 정보 통지

웹사이트 운영자

개인정보 유출시 사실관계를 공표

사용자 정부 기업 개인

Point

✔ 정보 보안상의 결함이 있는 것을 취약점이라고 부르며, 소프트웨어뿐만이 아니라 인간에게도 존재한다.

✔ 취약점을 노린 새로운 공격이 속속 등장하고 있기 때문에, 지금까지 문제가 없었던 소프트웨어가 앞으로도 취약점이 없을 것이라고 말할 수 없다.

취약점에 대응한다

프로그램은 항상 최신 상태로 유지 //

보안 취약점이 존재하는 프로그램을 사용하고 있으면, 공격을 받을 경우 정보 유출 등 심각한 피해가 발생될 수 있습니다. 보안 허점이 발견되면 대부분의 경우 개발사가 해당 문제점을 보완한 **핫픽스(Hotfix)**를 발표합니다.

핫픽스는 보안 패치라고 부르며, 핫픽스를 적용하는 작업을 "**패치를 한다**"라고 얘기합니다(**그림 4-4**). 보안 취약점을 악용한 공격을 방지하려면 최신 핫픽스를 적용해야 합니다.

제품에 따라서 **갱신 프로그램**이라고 부르는 경우도 있고, 보안과 관련이 없는 버그수정도 포함되기도 합니다. 안전한 상태를 유지하려면 **자동 갱신을 하도록 설정하는** 것이 좋습니다.

지원 종료에 주의 ///

OS를 포함한 소프트웨어는 제조 업체로부터 지원받을 수 있는 기간이 정해져 있습니다(**그림 4-5**). 이 기간 동안은 핫픽스가 제공되지만, 지원 기간이 종료되면 그 이후부터는 제공되지 않습니다.

최신 버전의 소프트웨어를 사용하거나, 업데이트를 하는 것이 중요합니다. 휴대폰 및 태블릿 PC도 항상 최신 버전으로 업데이트 하는 것이 필요합니다.

한편, 버전을 올릴 수 없는 사태가 잇달아 일어나고 있습니다. Android의 경우 "개별적으로 개발된 소프트웨어가 작동되지 않는다", "단말기의 성능이 새로운 버전을 실행하기에 충분하지 않다"라는 이유로 휴대폰 제조사 측에서 업데이트를 제공하지 않을 수 있습니다.

버전을 올리지 않아도 오류가 발생되지 않거나 혹은 회피할 수 있다면 문제가 되지는 않겠지만, 표준 브라우저에 대한 공격도 계속해서 보고되고 있습니다. 최신 정보에 주목하고 경우에 따라서는 **동일한 기능을 갖고 있는 다른 응용 프로그램으로 전환하**는 것도 필요할 것입니다.

그림 4-4 핫픽스 이미지

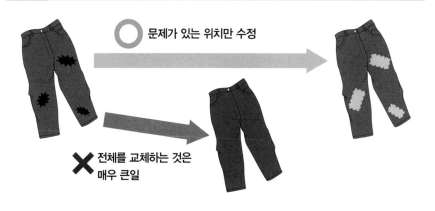

○ 문제가 있는 위치만 수정

✕ 전체를 교체하는 것은 매우 큰일

그림 4-5 지원 기간의 예시(예: Microsoft Windows의 경우)

Windows 8.1 및 7

이전 릴리스의 Windows 운영 체제에는 고정 수명 정책이 적용됩니다. 이 정책은 일반 지원과 연장 지원 등 두 단계로 이루어져 있습니다. 자세한 내용은 Microsoft 비즈니스, 개발자 및 데스크톱 운영 체제 정책을 참조하세요.

클라이언트 운영 체제	일반 지원 종료	연장 지원 종료
Windows 8.1	2018년 1월 9일	2023년 1월 10일
Windows 7, 서비스 팩 1*	2015년 1월 13일	2020년 1월 14일

* 서비스 팩이 없는 **Windows 7 RTM**에 대한 지원이 **2013년 4월 9일**자로 종료되었습니다.

Windows 8.1을 포함한 이전 버전의 Windows를 Intel, AMD, NVidia, Qualcomm과 같은 제조업체의 새 프로세서 및 칩셋에서 실행할 경우에는 지원이 제한됩니다. 자세한 내용은 Microsoft 수명 주기 정책을 참조하세요. 장치 하드웨어가 호환되지 않거나 최신 드라이버가 없거나 OEM(주문자 상표 부착 방식) 지원 기간이 만료된 경우에는 장치에서 이전 버전의 Windows를 실행하지 못할 수 있습니다.

출처: Microsoft "Windows Lifecycle Fact Sheet"
(URL : https://support.microsoft.com/ko-kr/help/13853/windows-lifecycle-fact-sheet)

Point

✔ 취약점이 존재해도 일반적인 사용에는 문제가 없지만, 공격을 받으면 정보 유출 등의 피해가 발생할 수 있다.

✔ 핫픽스(Hotfix)가 제공되면 신속하게 적용한다. 자동갱신 설정을 하는 것이 바람직하다.

✔ 일부 스마트폰이나 태블릿 PC에서 OS나 소프트웨어 업데이트가 제공되지 않는 경우가 있다.

대응이 불가능한 공격?

핫픽스 제공 전에 공격하는 '제로 데이 공격' \\\\\\\\\\\\\\\\\\\\\\\\\\\\\\\\\\

공격자는 소프트웨어의 취약점을 찾으려고 매일 조사하고 있습니다. 소프트웨어 개발사도 취약점이 없는지 확인하고 있지만 모든 취약점을 발견하는 것은 어렵습니다.

취약점이 발견된 이후 핫픽스가 제공되는 시간까지 비어있는 기간에 공격하는 것을 **제로 데이(Zero day) 공격**이라고 합니다(**그림 4-6**). 즉, 핫픽스가 제공되는 날짜를 1일차라고 생각했을 때, 그 전날 이전까지의 기간이므로 0일(제로 데이)로 산정한 것입니다.

개발사가 취약점을 발견하더라도 핫픽스를 제공할 수 있게 되기까지 시간이 걸립니다. 핫픽스가 제공되기 전에 취약점 정보를 공개해 버리면, 해당 취약점을 대상으로 하는 공격을 받을 가능성이 있습니다. 핫픽스가 제공될 때까지 개발사에서 일시적인 해결책을 제시하는 경우도 있기 때문에 그 해결책의 적용을 고려해 볼 수 있습니다.

취약점 발견자에게 보상을 주는 포상금 제도 \\\\\\\\\\\\\\\\\\\\\\\\\\\\\\\\\\

사내 개발자와 보안 담당자뿐만 아니라 외부 전문가에 의해 취약점이 발견되도록 함으로써 제로 데이 공격의 가능성을 줄일 수 있습니다. 이를 위해 발견자에게 보상금을 지불하는 제도를 도입하는 기업이 늘고 있습니다(**그림 4-7**). 식사나 명예 등을 보상하는 경우도 있습니다.

외부 전문가와의 협력으로 새로운 취약점을 찾을 수 있다면 제품의 안전성을 높일 수 있을 뿐만 아니라 개발 측면에서 인적 자원을 줄일 수 있기 때문에 비용 면에서의 효과도 기대할 수 있습니다.

사이버 보안 관련 전문적인 지식을 가지고 있는 사람의 입장에서도, 공격을 수행하는 것보다는 포상금 제도를 이용하여 금전을 얻는 쪽이 이득이라면 보호 측면에서 협력을 하게 될 가능성이 높아집니다. 다만, 사전에 허가를 받지 않고 보안 점검을 하게 되면 부정접속 금지법에 위반될 수 있기 때문에, 점검과 관련한 범위를 명확하게 규정할 필요가 있습니다.

그림 4-6 제로 데이 공격

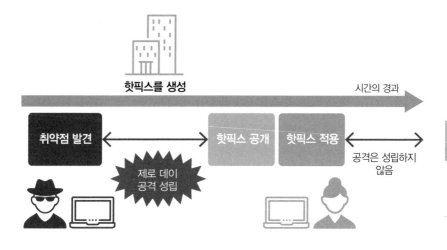

그림 4-7 포상금 제도의 운영 방법

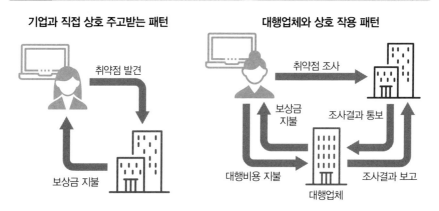

Point

✔ 제로 데이 공격이 가능한 취약점이 발견되었을 때, 핫픽스가 공개되기 전에 임시 해결방법이 있다면 적용을 검토해야 한다.

✔ 포상금 제도를 통한 외부 전문가의 참여로 새로운 취약점이 발견되는 경우가 있다.

✔ 포상금 제도를 통해 공격자였던 사람의 협력을 얻을 수 있는 가능성이 있다.

데이터베이스를 부정하게 조작

데이터베이스와 SQL

쇼핑 사이트 등을 만들 때, 상품의 재고 상황 및 고객 정보 등 입력한 내용을 서버에 저장할 필요가 있는데, 이 때 사용되는 것이 데이터베이스입니다. 데이터베이스를 사용하면 여러 사용자가 접속하는 경우에도 일관성을 확보할 수 있을 뿐 아니라, 데이터의 검색 및 가공을 효율적으로 실행할 수 있습니다.

데이터베이스와 관련하여 데이터의 등록 및 갱신, 검색, 삭제 등의 작업은 SQL이라는 언어를 작성하여 수행하게 됩니다(**그림 4-8**). 이 SQL 작성을 목표로 한 공격이 발생할 수 있습니다.

데이터베이스의 취약점 'SQL 인젝션'

SQL 구문은 이용자에게는 보이지 않지만, 그 처리에는 이용자가 입력한 내용이 포함되어 있습니다. 그래서 입력 내용에 특수한 문자를 포함시키는 것만으로, 응용 프로그램이 예상치 못했던 조작을 부정하게 수행할 수 있게 되는 경우가 있습니다.

예를 들어 검색 사이트라면 키워드를, 회원 등록이라면 이메일 주소와 비밀번호를, 상품을 구매할 때는 집주소와 주문 번호 등을 입력하게 됩니다. 이러한 내용을 입력할 때 특수 문자가 포함되면 프로그램은 데이터의 조작이나 정보 유출, 시스템 종료 등으로 이어질 수 있습니다.

이러한 취약점을 SQL 인젝션(Injection)이라고 부르고 있으며(**그림 4-9**) 많은 피해가 발생하고 있지만, 이용자가 할 수 있는 대책은 없습니다. 개발자의 무지로 인해 발생하는 경우뿐만 아니라, **짧은 기간에 개발을 하면서 입력 값에 대한 점검 (Validation)이 제대로 이뤄지지 않는 경우**에도 발생할 수 있습니다. 서비스 공급자는 시스템을 개발함에 있어서 공격의 구조를 이해하고, **취약점 진단**(4-9 참조) 등의 대책을 실시해야 합니다.

그림 4-8 웹 어플리케이션에서 SQL 사용

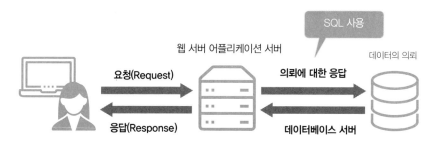

그림 4-9 SQL 인젝션의 예

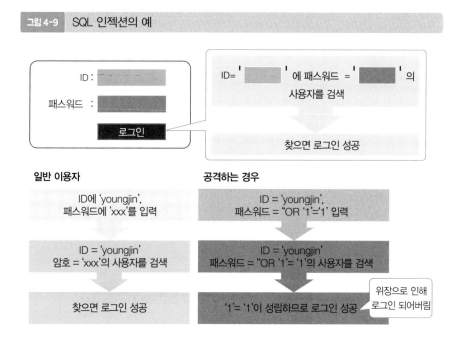

Point

✔ SQL 인젝션 취약점이 존재해도 이용자가 할 수 있는 대책은 없다.

✔ 개발자는 공격이 일어나는 방식을 이해한 후, 취약점 진단 등의 대책을 실시해야 한다.

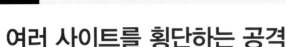

여러 사이트를 횡단하는 공격

사이트를 전반적으로 공격하는 '크로스 사이트 스크립팅'

웹 사이트 중에 게시판을 제공하여 이용자가 게시물을 올릴 수 있는 형태의 서비스가 다수 존재합니다. 이 때 이용자가 입력한 내용이 그대로 게시되는 구조라면 문제가 발생하는 경우가 있습니다.

그 중의 하나가 **크로스 사이트 스크립팅**(Cross Site Scripting, 축약하면 "CSS"가 되지만 Cascading Style Sheets와 같기 때문에 "Cross"를 "X"로 치환하여 "XSS"라고 표시하는 경우가 많다)이며, 이용자가 입력한 HTML 구문을 그대로 화면으로 출력하는 경우에 발생합니다.

HTML이 포함된 내용을 게시판에 등재할 수 있다면 문자의 크기와 색상을 바꿀 수 있어 편리하지만(**그림 4-10**), 공격자는 임의의 **스크립트**(간단한 프로그램)를 게시할 수 있게 됩니다(**그림 4-11**). 이러한 게시물을 올릴 수 있다면, 공격자가 게시한 악성 프로그램을 이용자의 다른 웹 사이트 환경에서 실행시킬 수 있게 됩니다.

취약점을 이용하여 사용자를 공격한다

취약점이 있는 웹 사이트에 대해서 공격자가 스크립트를 게시하는 준비를 사전에 수행했다고 가정합시다. 그리고 공격자가 작업한 웹 사이트 게시물을 이용자가 조회하면, 그것만으로 취약점이 있는 다른 웹 사이트에 자동으로 스크립트가 게시되고 실행되어버리는 우려가 있습니다(**그림 4-12**).

이와 같이, "취약점이 있는 웹 사이트"와 "공격자의 웹 사이트"에 걸쳐 전면적으로 발생하기 때문에 크로스 사이트 스크립팅이라는 이름으로 부르고 있습니다. 이 공격의 핵심은 **취약점이 있는 웹 사이트를 직접 공격하는 것이 아니라, 그러한 웹 사이트를 이용하여 "이용자를 공격한다"**는 것입니다.

자동으로 게시되므로 이용자는 피해를 당하고 있다는 것을 알 수 없습니다. 예를 들어, 메일에 기재된 URL을 클릭했을 뿐인데 쇼핑 사이트로부터 갑자기 청구서가 날아 오는 사례도 있습니다.

그림 4-10 HTML을 포함한 게시물

그림 4-11 스크립트를 포함한 게시물

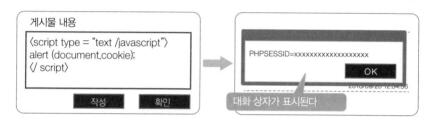

그림 4-12 크로스 사이트 스크립팅

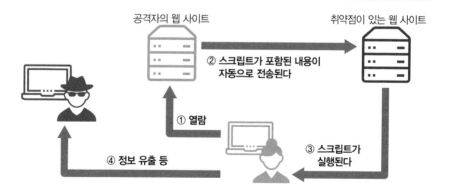

Point

✔ 크로스 사이트 스크립팅은 다수의 사이트에 걸쳐 진행되며, HTML을 포함한 내용을 게시
할 수 있는 서비스 환경 등에서 발생한다.

✔ 크로스 사이트 스크립팅은 사용자가 피해를 당하고 있다는 사실을 모르는 경우가 있다.

타인을 사칭한 공격

사이트간 요청 위조 CSRF(Cross Site Request Forgeries)

게시판에 등록할 때 사용자는 웹 서버가 제공하는 양식을 이용하여 입력하게 됩니다. 일반적인 경우에는 입력한 내용을 확인하는 화면이 나타나고, 시스템은 이용자가 확인하는 화면에서 동의한 내용만 받아들이도록 되어 있습니다. 그러나 이와 관련해 적절한 점검이 수행되지 않았다면 악의적인 프로그램을 이용하여 직접 등록할 수도 있게 되는데, 이를 **사이트간 요청 위조(CSRF:** Cross Site Request Forgeries)라고 부르고 있습니다(**그림 4-13**).

이 취약점이 존재하게 되면 다른 사이트에 준비했던 링크를 클릭할 수 있어서 이용자가 게시물의 내용을 확인하는 화면 없이 게시판에 임의의 내용이 게시되도록 할 수 있습니다. 구체적으로는 인터넷 쇼핑에서 임의로 제품을 구입하거나, 게시판에 범행을 예고하는 게시물을 올릴 수 있게 됩니다. 공격기법으로는 공격자가 작업한 웹 사이트에 접속하도록 DM(Direct Mail, 상품 광고를 위해 특정 고객층 앞으로 직접 우송하는 서신이나 카탈로그 등의 인쇄물)으로 연락하는 방법이 사용됩니다. 이 URL로 접속하면 공격자가 작성한 스크립트가 실행되어 조작이 발생하는 형식입니다.

개발자로서의 대책은 게시할 때 검증용 데이터를 함께 전송하고, 검증용 데이터를 확인하는 방법을 이용하고 있습니다(**그림 4-14**).

이용자 측면의 대책인 로그아웃

위에서 기술한 취약점이 SNS 등의 서비스에 존재한다고 하면, 로그인한 기간 동안에는 언제든지 악성 게시물을 올릴 수 있는 상태가 되어버립니다. 귀찮더라도 필요한 작업이 끝나면 로그아웃하는 습관을 익혀 두는 것이 좋습니다. 이 취약점은 서비스 제공자가 대책을 수립하는 것을 전제로 하지만, 피해를 예방하는 의미에서 이용자는 로그아웃하는 것 외에도 의심스러운 링크를 클릭하지 않는 것이 중요합니다.

또한 이러한 게시물을 올리게 되면 뉴스가 되어버리는 경우가 많기 때문에, 최근의 정보 동향에도 주의를 기울이지 않으면 안됩니다.

그림 4-13   사이트간 요청 위조

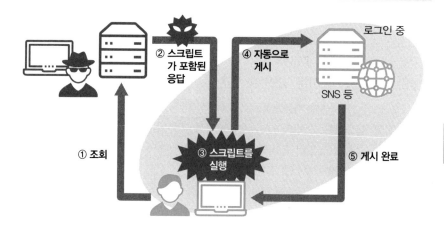

그림 4-14   사이트 간 요청 위조 예방 조치(개발자 측면)

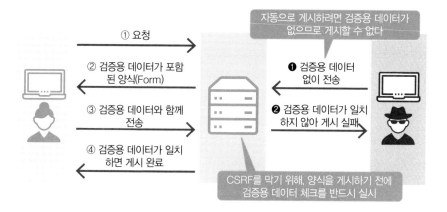

Point

✔ 사이트간 요청 위조(CSRF) 취약점이 있는 경우, 이용자가 모르는 상태에서 임의의 게시물이 게시되거나 제품을 구입하게 될 수 있다.

✔ 서비스 제공자 측면에서는 입력 양식(Form)에 검증용 데이터를 포함시키는 등의 대책을 마련해야 한다.

✔ 이용자의 예방 대책으로 로그인을 해야 하는 서비스는 필요한 작업이 끝난 후 로그 아웃하는 것도 효과적이다.

로그인 상태 가로채기

동일한 이용자를 식별하는 "세션"의 구조

쇼핑 사이트 등을 이용할 때, 한 번 로그인하면 다른 페이지로 전환해도 로그인 상태가 유지되고 있습니다. 그런데 웹 브라우저에서 사용되는 HTTP라는 프로토콜은 여러 페이지에 걸쳐서 동일한 이용자임을 확인하는 방법이 없습니다. 따라서 웹 브라우저와 웹 서버 사이에서 동일한 이용자를 식별하기 위해 Cookie라는 값을 매번 보내는 방법과 URL에 파라미터(Parameter)를 전달하는 방법, 숨겨진 필드를 사용하는 방법 등이 사용됩니다.

이와 같이 이용자를 식별하기 위해 사용되는 구조를 세션(Session)이라고 합니다(그림 4-15). 그러나 이 세션을 관리하는 방법을 악용하면 다른 사람인 척 행세할 수 있게 되어버립니다.

다른 사람의 세션을 가로채기

웹에서 사용되는 HTTP는 암호화되어 있지 않아서, 위에서 기술한 어떠한 방법을 사용해도 세션 정보를 도둑 맞으면 쉽게 조작이 가능합니다. 세션 정보를 수정하여 다른 이용자가 사용중인 응용 프로그램을 빼앗는 것을 세션 하이재킹(Session Hijacking)이라고 합니다.

세션 하이재킹은 이용자가 웹 어플리케이션에 로그인할 때 발행되는 "세션 ID"를 공격자가 부정하게 취득하는 것으로, 이용자를 사칭하는 공격입니다. 비밀번호를 몰라도 다른 사람을 사칭하는 것이 가능합니다.

세션 하이재킹 수법으로는 어깨 너머로 훔쳐 보는 숄더 해킹(Shoulder Hacking), 규칙성을 사용한 추측, 크로스 사이트 스크립팅, 리퍼러(HTTP referrer, 호출자(Link 원본)의 URL 정보, 웹 브라우저로 웹을 서핑할 때, 하이퍼링크를 통해서 각각의 사이트로 방문 시 남는 흔적) 사용, 패킷(Packet) 도청 등이 있습니다. 예를 들어 URL 파라미터에 세션 ID가 지정되어 있는 경우, 전환 대상 웹 사이트 관리자가 브라우저로부터 전송되어 오는 리퍼러 정보를 열람하여 세션 ID를 알 수 있습니다(그림 4-16).

그림 4-15 세션 구조

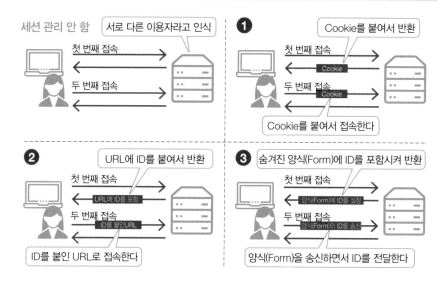

그림 4-16 세션 하이재킹

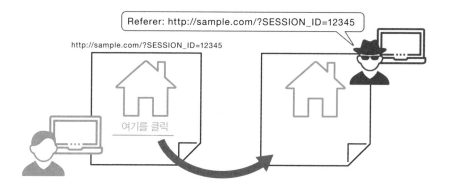

Point

✔ 세션 하이재킹이 발생하면 다른 사람 행세를 하면서 웹 상에서 서비스를 이용할 수 있다.

✔ 추측할 수 없도록 임의의 값(Random 값)을 세션 ID로 사용하거나, HTTPS를 이용한 암호화가 요구된다.

메모리 영역의 초과를 악용

프로그램 실행 시 확보된 메모리 영역 ///////////////////////////////////

프로그램을 실행하면 컴퓨터의 내부에는 임시 저장에 필요한 공간이 컴퓨터 메모리에 유지됩니다. 여기에는 프로그램에서 입력된 데이터도 저장되지만, 입력 데이터의 크기가 너무 크면 설계 시 설정된 영역을 넘겨서 저장하게 되는 상황이 발생합니다 (그림 4-17).

개발자가 프로그램을 개발할 때 이 크기를 확인하고 초과되지 않도록 제한하고 있다면 문제없지만, 그렇지 않은 경우에는 입력하면서 임의의 문자열을 이 영역에 저장하게 될 가능성이 있습니다. 만약 공격자가 악의적인 코드를 작성하는 경우 임의의 프로그램이 실행 가능한 상태가 됩니다.

확보된 공간을 초과할 때 발생하는 문제 ///////////////////////////////////

C나 C++ 등의 프로그래밍 언어로 개발된 프로그램은 메모리의 사용을 프로그래머가 적절하게 관리해야 합니다. 제대로 관리되지 않는 경우 **스택 오버플로우**(Stack overflow), **힙 오버 플로우**(Heap overflow), **정수 오버플로우**(Checking Integer overflow) 등의 문제가 발생합니다. 이것들은 **버퍼 오버플로우**(Buffer overflow)라는 취약점의 일종이며, 미리 정해져 있는 영역을 초과하여 접속함으로써 발생하는 것입니다(그림 4-18).

버퍼 오버 플로우가 있는 상태, 즉 준비된 영역을 넘어서까지 쓰기 가능한 상태가 되어 있으면, 앞에서 기술한 바와 같이 공격자가 제공한 악의적인 코드를 실행시킬 수 있습니다.

최근의 웹 어플리케이션은 Java나 PHP, Ruby 같은 프로그래밍 언어로 구현되는 경우가 많으며, 이러한 언어로 작성된 프로그램에서 메모리 사용에 의한 취약점은 거의 발생하지 않습니다. 그러나 이러한 언어를 사용하는 프레임워크(Framework) 및 미들웨어(Middleware) 중에는 C나 C++ 등으로 개발되어 있는 것이 있으므로 주의가 필요합니다.

그림 4-17 메모리 구성

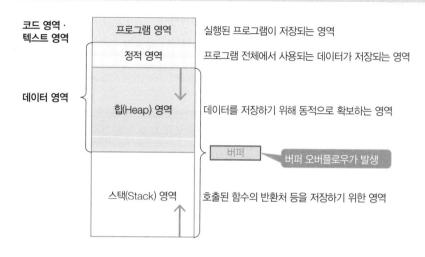

| 코드 영역 ·
텍스트 영역 | 프로그램 영역 | 실행된 프로그램이 저장되는 영역 |

코드 영역 ·
텍스트 영역

프로그램 영역 — 실행된 프로그램이 저장되는 영역

정적 영역 — 프로그램 전체에서 사용되는 데이터가 저장되는 영역

데이터 영역

힙(Heap) 영역 — 데이터를 저장하기 위해 동적으로 확보하는 영역

버퍼 — 버퍼 오버플로우가 발생

스택(Stack) 영역 — 호출된 함수의 반환처 등을 저장하기 위한 영역

그림 4-18 버퍼 오버 플로우

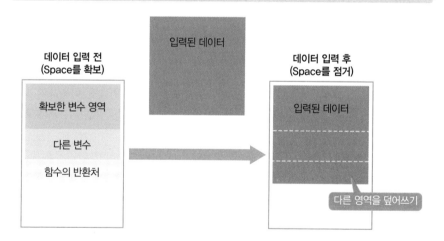

입력된 데이터

데이터 입력 전
(Space를 확보)

확보한 변수 영역

다른 변수

함수의 반환처

데이터 입력 후
(Space를 점거)

입력된 데이터

다른 영역을 덮어쓰기

Point

✔ 메모리 사용을 프로그래머가 관리해야 하는 프로그래밍 언어를 사용한다면, 버퍼 오버플로우 취약점이 발생할 가능성이 있다.

✔ 최근의 스크립트 언어에서는 메모리 사용에 의한 취약점은 거의 발생하지 않지만, 내부에서 진행되는 처리에는 취약점이 남아 있을 수 있다.

취약점의 유무를 검사한다

공격자의 입장에서 취약점을 조사한다

대부분의 취약점은 소프트웨어 개발 단계에서 만들어지고 있습니다. 그러나 공격자는 개발자가 생각하지 못했던 방법으로 침입해 오기 때문에 개발자는 취약점이 존재하는 것을 눈치채지 못합니다.

그래서 취약점의 유무를 확인하는 **취약점 진단**을 수행하게 됩니다(**그림 4-19**). 현재는 무료 취약점 진단 도구도 등장하고 있으며, 일반적인 공격 수법에 대해서는 쉽게 알아낼 수 있습니다. 그러나 도구를 사용해도 발견할 수 없는 취약점이 존재하기 때문에 많은 기업에서는 전문가의 수작업에 의한 진단도 실시하고 있습니다.

그러나 취약점 진단에서 문제가 발견되지 않았다고 해서 취약점이 존재하지 않는다고 말할 수는 없습니다. 어디까지나 "해당 방법으로 실시한 범위 안에서 취약점이 존재하지 않는다"라는 확인에 불과하다는 사실에 주의해야 합니다.

취약점이 있다고 판단된 경우, 해당 취약점을 노린 공격에 의해 구체적으로 어떤 피해가 발생할 수 있는지 확인합니다.

네트워크에서 접속되어 사용되고 있는 컴퓨터에 대해 알려진 기술을 이용하여 침입을 시도함으로써 시스템에 취약점이 있는지 여부를 테스트하는 방법을 Penetration test 또는 **침투 테스트**라고 합니다.

포트 번호에 접속하여 약점을 조사한다

네트워크에서 접속되어 사용되고 있는 컴퓨터의 포트 번호에 대한 접속 가능 여부를 조사하면 해당 컴퓨터가 사용하고 있는 프로토콜을 알 수 있습니다. 예를 들어, FTP 프로토콜을 사용하여 통신하고 있는 컴퓨터는 FTP 포트가 열려 있습니다.

공격자는 외부에서 어떤 포트가 열려 있는지 정보를 수집하는 **포트 스캔**(Port scan)이라는 점검을 수행합니다(**그림 4-20**). 열려있는 포트를 파악하면 프로토콜의 취약점을 노린 공격 전략을 세우기 쉬워집니다. 대책으로 불필요한 포트는 닫아 두는 것이 요구되고 있습니다.

그림 4-19 취약점 진단

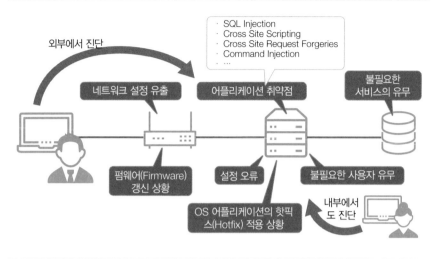

그림 4-20 포트 스캔

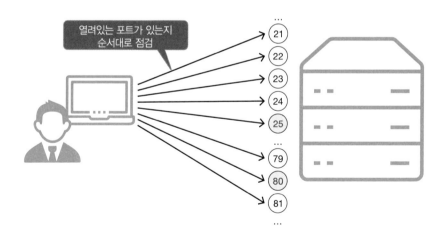

Point

✔ 취약점 진단을 실시하여 취약점의 유무를 확인하는 것은 현재의 소프트웨어 개발에서는 필수이다.

✔ 네트워크 포트에 대한 접속 가능 여부를 확인하는 포트 스캔을 함으로써, 컴퓨터의 약점을 알아낼 수 있다.

웹 어플리케이션을 전형적인 공격으로 부터 보호

웹 어플리케이션을 겨냥한 전형적인 공격을 방지

일반적인 방화벽과는 다르게 웹 어플리케이션을 겨냥한 전형적인 공격으로부터 보호하기 위한 방화벽을 WAF(Web Application Firewall)이라고 하며, 통신 내용을 확인하여 공격이라고 판단된 것을 차단합니다(그림 4-21, 그림 4-22).

개별적으로 개발된 웹 어플리케이션이 어떤 사양으로 되어 있는지 WAF 제공업체(Maker)에서는 알 수 없습니다. 그래서 제공업체가 지금까지 발견된 공격 패턴들을 WAF에 등록한 후, 등록된 패턴에 매치(Match)되는 통신은 부정 접속으로 간주하게 됩니다.

통신을 식별하는 방법으로는 블랙리스트 방식과 화이트리스트 방식이 있습니다. 블랙리스트 방식은 SQL 인젝션 등 취약점 공격의 대표적인 공격 패턴이 등록됩니다. 등록되어 있는 내용에 해당하는 통신이 있다면, "부정"한 통신이라고 판정할 수 있습니다.

한편 화이트리스트 방식은 "정상적인 통신"의 대표적인 입력 내용을 등록함으로써, 목록에 없는 통신을 "부정"한 통신이라고 판단합니다. 화이트리스트는 해당하는 웹 어플리케이션의 개발에 따라서 다르기 때문에 도입 시 설정이 필요합니다. 수작업으로 화이트리스트를 정의하려면 방대한 노력이 따르기 때문에, 일정 기간은 무조건 통신을 허용해두고 그 기간 동안 발생된 통신을 학습하여 자동으로 화이트리스트를 생성하는 기능이 WAF에 있습니다.

손쉽게 도입 가능한 WAF 등장

WAF는 하드웨어로 제공되는 것뿐만 아니라, 웹 서버에 적용하는 소프트웨어 형태도 있습니다. 최근에는 SaaS 형태의 WAF 등 클라우드(Cloud) 기반에서 운용되는 형태도 등장하였으며 간편하게 도입할 수 있는 제품들도 증가하고 있습니다. 새로운 공격에 대비하기 위해서는 도입보다 운용이 중요하며, 전담하는 기술자가 없는 경우에는 클라우드 기반의 운용 형태도 유력한 대안이 될 수 있습니다.

그림 4-21 WAF에서 방지하는 공격

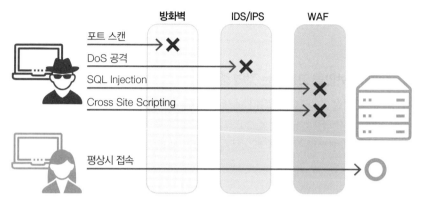

그림 4-22 WAF를 사용하는 경우

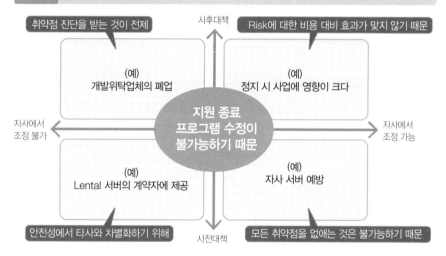

Point

✔ 웹 어플리케이션에 취약점이 존재하는지 알 수 없는 경우에도 WAF를 도입하면 위험을 줄일 수 있다.

✔ WAF를 사용하면 알려진 취약점에 대한 방지뿐만 아니라, 알려지지 않은 취약점을 방지할수도 있다.

개발자가 주의해야 하는 것

설계 단계부터 보안을 고려하는 것의 중요성

소프트웨어 개발은 "요구사항 정의"에서 시작해서 "설계", "구현", "테스트", "운용" 등의 공정으로 진행됩니다(그림 4-23). 테스트 및 운용 단계에서 보안을 고려하는 경우에는 재작업 발생으로 수정이 필요하게 되어 비용과 일정 측면에서 큰 영향을 미치게 됩니다.

그래서 요구사항 정의나 설계 등 앞 단계 공정에서 보안을 고려한 개발(Secure Programming)을 해야 합니다. 예를 들어, 설계 단계에서 시스템 설계자는 다른 담당자로부터 **보안 점검**(Security Review)을 받는 등의 방법을 강구할 수 있습니다.

또한 구현 단계에서는 개발자뿐만 아니라 다른 인원들도 포함하여 **소스 코드 검토**를 함으로써 결함뿐만 아니라 보안 측면에서 취약점의 유무에 대한 확인을 할 수 있습니다.

테스트 공정에서는 설계대로 구현되었는지 여부, 설계 단계에서 고려하지 못했던 취약점이 있는지 여부 등을 점검합니다. 오류의 발생 여부를 확인하기 위해 실시하는 테스트와 마찬가지로 White Box Test와 Black Box Test를 함께 실시하는데, 어떤 테스트를 할 것인지는 설계 단계에서 검토해야 합니다.

설계의 원칙과 구현의 원칙

IPA의 "Secure Programming 강좌"에는 **설계의 원칙과 구현의 원칙**이 소개되고 있습니다. 설계의 원칙으로는 "Saltzer & Schroeder의 8원칙", 구현의 원칙으로는 "SEI CERT Top 10 Secure Coding Practices"를 들 수 있습니다.

또한, Secure Programming에는 취약점을 만들지 않는 **근본적인 해결**과 예방책으로 발생으로 인한 영향을 줄이기 위한 **보험적인 대응**방법이 있습니다(그림 4-24). 구체적인 대응방법은 IPA가 제공하는 "안전한 웹 사이트를 만드는 방법"을 참고하세요.

그림 4-23 개발 공정과 Security Programming

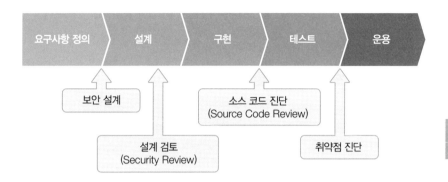

그림 4-24 보험 대책

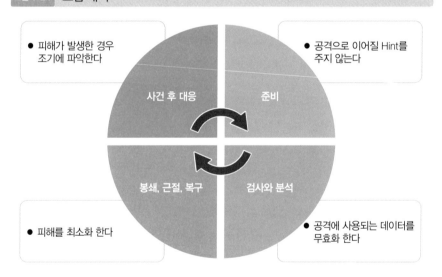

Point

✔ 안전한 시스템을 개발할 때에는 요구사항 정의나 설계 단계부터 보안을 고려해야 재작업
  을 방지할 수 있다.

✔ 취약점으로부터 시스템을 보호하기 위해서는 근본적 해결과 보험적인 대응방안을 함께
  사용하여 안전성을 높여야 한다.

편리한 도구에 존재하는 취약점에 주의

누구나 기능을 추가할 수 있는 '플러그인'

자사에서 개발한 소프트웨어가 아니라면, 해당 소프트웨어에 존재하는 것 이외의 기능을 임의로 추가하는 것은 일반적으로 가능하지 않습니다. 그러나 제3자가 기능을 추가할 수 있는 소프트웨어도 있는데, **플러그인**(Plug In, 확장 기능이나 확장 팩(Pack) 등으로도 불리는 경우도 있음), **애드 온**(Add On), **애드 인**(Add In) 등의 이름으로 불리고 있습니다(**그림 4-25**).

웹 브라우저의 플러그인(Plug In)에는 일반 개발자가 만든 많은 기능이 제공되고 있습니다. 또한 Word나 Excel 같은 오피스 소프트웨어의 경우 "매크로(Macro)" 형태로 기능을 추가할 수 있습니다.

플러그인은 편리한 반면에 자유롭게 기능을 추가할 수 있기 때문에, 악의적인 프로세스가 만들어지는 경우가 있으므로 도입할 때 주의가 필요합니다.

콘텐츠를 쉽게 업데이트 가능한 "CMS"의 위험

많은 기업들이 자사의 웹 사이트를 운영하고 있지만, 웹 사이트를 갱신하려면 텍스트 또는 이미지를 준비해야 할 뿐만 아니라 HTML과 CSS라는 파일을 작성해야 합니다. 다른 페이지 사이를 쉽게 이동할 수 있도록 하려면 링크(Link)를 설정해야 하는데 수작업으로 한다면 손이 많이 갑니다.

그래서 블로그와 같이 텍스트와 이미지를 제공하는 것만으로 누구나 쉽게 웹 사이트를 갱신하고 관리할 수 있게 하는 편리한 시스템인 **CMS**(Contents Management System)가 있습니다(**그림 4-26**). CMS를 사용하면 자사 서버에 설치된 시스템을 블로그처럼 쉽게 갱신할 수 있는 형태를 만들 수 있습니다.

그러나 이런 CMS도 취약점이 많이 발견되고 있습니다. CMS 커스터마이징(Customizing)을 위해 플러그인을 도입했다면, 해당 플러그인에 문제가 있을 가능성이 있으므로, CMS와 플러그인 관련 취약점이 공개되어 있지는 않은지 항상 확인해야 합니다.

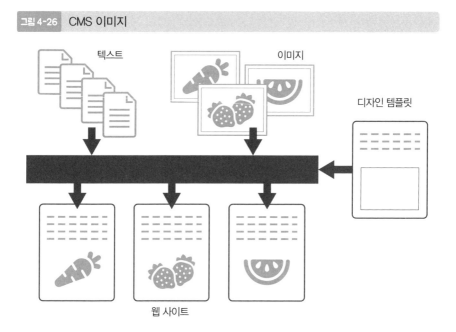

그림 4-25 플러그인 이미지

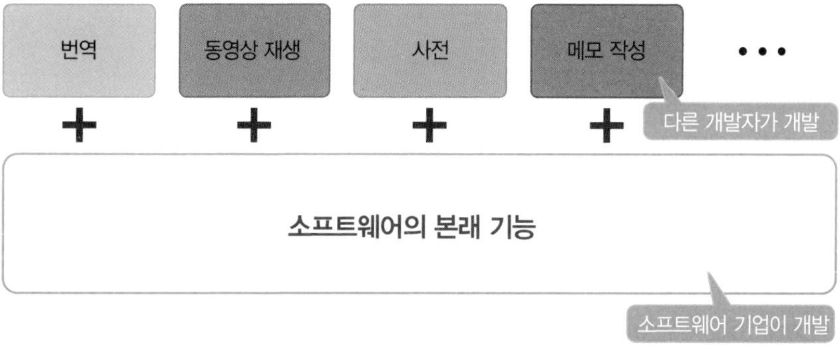

번역 ＋ 동영상 재생 ＋ 사전 ＋ 메모 작성 ＋ • • •

다른 개발자가 개발

소프트웨어의 본래 기능

소프트웨어 기업이 개발

그림 4-26 CMS 이미지

텍스트

이미지

디자인 템플릿

웹 사이트

Point

✔ 플러그인을 이용하면 기존 소프트웨어에 기능을 추가할 수 있지만, 악의적인 처리가 포함되어있는 경우가 있다.

✔ 웹 사이트 등을 쉽게 갱신할 수 있는 시스템으로 CMS가 있지만, CMS 자체 또는 플러그인에 취약점이 존재할 가능성이 있다.

취약점을 정량적으로 평가한다

취약점 정보 포털 사이트 "JVN"

취약점 정보는 각 솔루션 제조사 사이트 등에서 공개되지만, 이용자가 각각을 조사한다면 시간이 걸립니다. 이때 활용할 수 있는 좋은 것이 공공기관인 JPCERT/CC와 IPA가 공동으로 운영하고 있는 취약점 정보 포털 사이트인 JVN(Japan Vulnerability Notes)입니다(그림 4-27). 이는 일본에서 사용되고 있는 소프트웨어의 취약점 관련 정보와 그 대응방안 정보로써 JPCERT/CC에 신고된 내용 이외에도 해외 취약점 정보 데이터베이스에 게재된 내용을 제공하여 정보 보안대책 수립에 도움을 주는 것을 목적으로 하고 있습니다.

또한 국내 · 외를 불문하고 매일 공개되는 취약점 대책 정보를 수집하여 축적하는 것을 목적으로 하는 취약점 대책 정보 데이터베이스로써 JVN iPedia가 있으며, 원하는 취약점 대책 정보에 쉽게 접속할 수 있도록 다양한 검색 기능이 포함되어 있습니다. 이것을 사용하면 키워드나 공급업체, 제품이름 등으로 검색이 가능하여 확인하고자 하는 정보를 구체적으로 확인할 수 있습니다. 또한, MyJVN API라는 API(Application Programming Interface, 여기서는 웹 서비스의 기능을 외부에서 사용할 수 있는 인터페이스)가 제공되고 있는데 이것을 이용하면 JVN iPedia에 등록된 취약점 대책 정보를 이용한 사이트를 개발할 수 있습니다.

취약점의 심각도를 수치화하는 "CVSS"

취약점이 존재하는 것을 알아도 그 심각성을 모르면 언제까지 대응방안을 수립하면 좋을지 판단할 수 없습니다. 그래서 JVN에서는 취약점의 심각도 평가 지표로 CVSS (Common Vulnerability Scoring System)를 사용하고 있습니다(그림 4-28).

CVSS는 취약점에 대한 개방적이고 범용적인 평가방법으로써 국제적으로 사용되고 있습니다. 기업이나 담당자에게 의존하지 않고, 하나의 기준으로써 정량적으로 "취약점의 심각도"를 비교할 수 있기 때문에 공개된 취약점 중에서 우선적으로 대응방안을 실시해야 하는 것이 어떤 것인지 확인할 수 있습니다.

그림 4-27   JVN의 장점

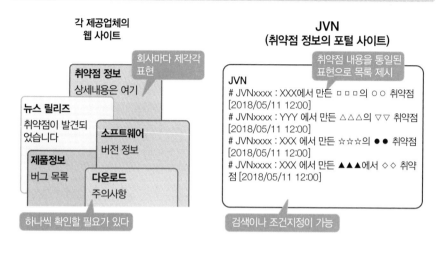

각 제공업체의
웹 사이트

취약점 정보
상세내용은 여기

회사마다 제각각
표현

뉴스 릴리즈
취약점이 발견되
었습니다

소프트웨어
버전 정보

제품정보
버그 목록

다운로드
주의사항

하나씩 확인할 필요가 있다

JVN
(취약점 정보의 포털 사이트)

취약점 내용을 통일된
표현으로 목록 제시

JVN
JVNxxxx : XXX에서 만든 ▢▢▢의 ○○ 취약점
[2018/05/11 12:00]
JVNxxxx : YYY 에서 만든 △△△의 ▽▽ 취약점
[2018/05/11 12:00]
JVNxxxx : XXX 에서 만든 ☆☆☆의 ●● 취약점
[2018/05/11 12:00]
JVNxxxx : XXX 에서 만든 ▲▲▲에서 ◇◇ 취약
점 [2018/05/11 12:00]

검색이나 조건지정이 가능

Chapter
4

그림 4-28   CVSS의 효과

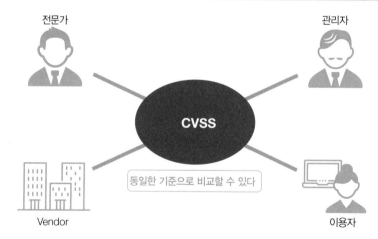

전문가

관리자

CVSS

동일한 기준으로 비교할 수 있다

Vendor

이용자

Point

✔ JVN을 사용하면 각 솔루션 제조사의 홈페이지에 게시되는 취약점 정보들을 목록 형태로
   취득할 수 있으며 통일된 형식으로 확인할 수 있다.

✔ CVSS를 사용하면 취약점의 심각도를 동일한 기준으로 비교할 수 있기 때문에 우선적으
   로 대응해야 하는 것을 판단할 수 있다.

취약점 정보를 보고 · 공유한다

취약점 관련 정보의 취급에 대한 문제점

누군가 취약점을 발견했는데 핫픽스가 제공되지 않는 기간에 임의로 공개되어 버리면, 다른 이용자가 피해를 당할 수 있습니다. 또한 이용자가 개발자에게 보고해도, "개발자가 대응하지 않는다거나" "대응이 느린" 상태라면 의미가 없습니다. 그래서 개발 체제의 정비와 대응창구 설치가 필요합니다.

개발자도 취약점이 어떤 경로로 보고되는지 모른다면 대응할 수 없습니다. 또한 대응할 수 있는 체제를 갖추고 있어도 개발자가 몸을 사려서 소극적으로 대처한다면 정보 공유가 지연될 수 있습니다.

취약점 정보를 공유하기 쉬운 구조

취약점에 대한 정보가 원활하게 유통되고, 신속한 대책의 실시를 위해 민관 일체가 되어 정보를 교환하는 체제가 갖추어져 있습니다. 이 체제에서, 각각의 입장에서 대응을 명문화한 것이 **정보보안 조기경계 파트너십 가이드 라인**입니다.

일반 소프트웨어와 웹 어플리케이션에서는 조정 기관이 구분되어 있어서 각각 JPCERT/CC와 IPA가 담당하고 있습니다. 이러한 조정 기관은 이용자에게 취약점 정보를 수집하여 제공할 수 있도록 통합 관리할 뿐만 아니라, 각 기업에 대한 취약점 보고 및 대응 상황 확인을 하고 있습니다(그림 4-29, 그림 4-30).

이 지침은 사용되고 있는 소프트웨어 제품이나 접속이 예상되는 웹 사이트에서 실행되는 웹 어플리케이션에 적용되고 있습니다. 강제력은 없지만 이 지침에 따라 취약점 정보를 활용 · 관리할 수 있을 것으로 기대됩니다.

그림 4-29 소프트웨어 제품의 취약점 관련 정보 취급 흐름

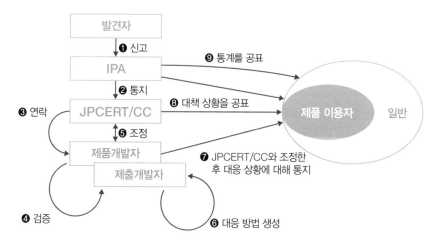

그림 4-30 웹 어플리케이션의 취약점 관련 정보 취급 흐름

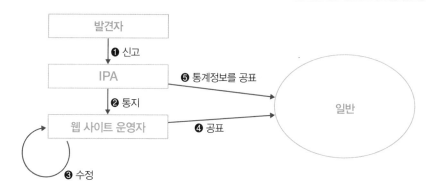

Point

✔ 취약점을 발견하여 IPA에 보고하면, 그 구분에 따라 IPA와 JPCERT/CC가 개발자 및 운영
   자와 조정 활동을 수행한다.

✔ 정보보안 조기경계 파트너십 가이드 라인에 강제력은 없지만 취약점 정보의 활용이 기대
   되고 있다.

해봅시다

취약점을 수치로 평가해 봅시다

JVN 사이트는 취약점이 발견된 소프트웨어에 대해 그 취약성의 심각도를 평가하고 취약점 자체의 특성을 평가하는 "기본 값"을 공개하고 있습니다. 그러나 이 기본 값은 시간이 지나도 변하지 않습니다. 이용 환경이 달라도 동일한 값이 적용됩니다.

실제로, 공격 코드의 유무나 공식적인 대책 정보의 유무에 따라 평가결과가 달라질 것이고, 자사의 사용 환경에 따라 심각도는 달라질 것입니다. 공개된 "CVSS 계산 소프트웨어"(https：//jvndb.jvn.jp/cvss/)를 이용하여 취약점의 심각도를 계산하여 봅시다.

❶ JVN(https：//jvn.jp/jp/)에 접속하고, 궁금한 취약점을 확인합니다.

❷ CVSS 계산 소프트웨어(https://jvndb.jvn.jp/cvss/)에 접속하고 자사의 환경을 입력합니다. 이렇게 하면 취약점에 대한 심각도를 계산할 수 있습니다.

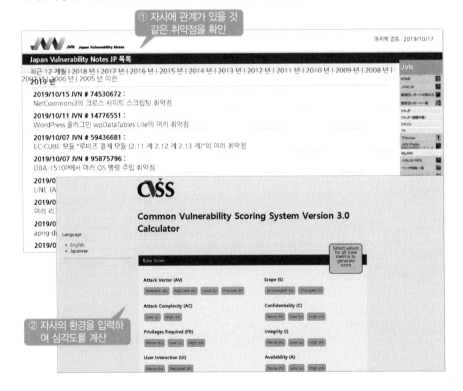

Chapter

5

암호/서명/
인증서란

비밀을 지키는 기술

암호의 역사

타인이 글을 읽을 수 없도록 한다

문장을 주고 받을 때 동료만이 알 수 있도록 하기 위해서는 정해진 규칙으로 변환할 필요가 있습니다. 원래의 정보가 다른 사람에게 알려지지 않도록 변환하는 것을 **암호화**라고 합니다.

암호화된 문장을 전달받은 사람은 원래의 문장을 알기 위해서 원래 문서로 되돌리는 작업이 필요합니다. 이것을 **복호화**라고 합니다.

이 변환 규칙을 쉽게 파악할 수 있다면 동료가 아니어도 원래의 문장으로 해독할 수 있기 때문에, 가능한 복잡한 변환 규칙을 필요로 하게 됩니다. 또한 변환된 문장을 **암호문**이라 하고 원래의 문장을 **평문**이라고 합니다(**그림 5-1**).

인터넷에서 사용되는 "현대 암호"

암호에 대해서는 오래 전부터 많은 연구가 진행되어 왔습니다. 알기 쉬운 예로 평문의 글자 순서는 그대로 두고 문자를 다른 문자로 바꾸는 '**치환식 암호**'나, 평문의 문자를 몇 개의 문자씩 블록으로 나누고 각 블록 안에서 문자의 순서를 바꾸는 '**전치식 암호**' 등이 알려져 있습니다(**그림 5-2**).

'치환식 암호' 중에서 특히 유명한 것은 '**카이사르 암호**(Caesar cipher)'로써, 평문에 사용되고 있는 알파벳을 사전순서에 따라 3개 문자마다 엇나가게 암호문을 만듭니다(**그림 5-3**). 이때, 엇나가게 하는 문자의 숫자를 바꾸면 전혀 다른 암호문을 생성할 수 있는데, 암호화에서는 변환 규칙(알고리즘)과 키(엇나가는 문자 수 등)가 중요한 역할을 합니다.

그러나 이러한 암호(**고전 암호**)는 변환 규칙만 알게 되면 쉽게 해독할 수 있습니다. 한편, 변환 규칙이 알려져도 키만 다른 사람에게 알려지지 않는다면 안전한 암호를 '**현대 암호**'라고 부르며 인터넷 상에서 정보를 교환할 때 사용되고 있습니다.

고전 암호는 암호화 및 복호화 관련 내용을 이해하기 쉽기 때문에 주로 학습을 목적으로 사용되는 경우가 많습니다.

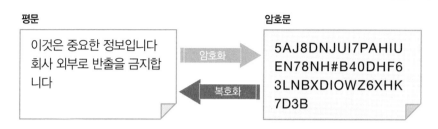

그림 5-1 암호화 및 복호화

평문

이것은 중요한 정보입니다 회사 외부로 반출을 금지합 니다

암호화 →
← 복호화

암호문

5AJ8DNJUI7PAHIU EN78NH#B40DHF6 3LNBXDIOWZ6XHK 7D3B

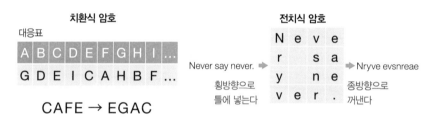

그림 5-2 치환 암호와 전치식 암호

치환식 암호

대응표

A	B	C	D	E	F	G	H	I	...
G	D	E	I	C	A	H	B	F	...

CAFE → EGAC

전치식 암호

N	e	v	e
r		s	a
y		n	e
v	e	r	.

Never say never.
횡방향으로 틀에 넣는다

→ Nryve evsnreae
종방향으로 꺼낸다

Chapter
5

그림 5-3 카이사르 암호

A	B	C	D	E	F	G	H	I	...

3 문자씩 평행 이동

X	Y	Z	A	B	C	D	E	F	...

CAFE → ZXCB

Point

✔ "암호화"되어 있는 문장을 "암호문"이라고 부르며, 이것을 원래로 되돌리는 작업을 "복호화", 원래 문장을 "평문"이라고 부른다.

✔ 현대 암호에서는 키가 다른 사람에게 알려지지 않으면, 해독할 수 없는 구조가 이용되고 있다.

5-2 공통키 암호

빠른 암호화 방식

키 관리의 중요성

앞 장에서 언급한 바와 같이 동일한 암호 방법(변환 규칙)을 사용하더라도 암호에 사용되는 키를 변경하는 것으로, 동일한 평문에서 상이한 암호문을 생성할 수 있습니다. 즉, 다른 키를 사용하게 되면 타 그룹이 사용하는 암호문을 본다고 해도 해독할 수 없습니다.

그래서 다른 그룹에 키가 알려지지 않게 관리하는 것처럼, 같은 그룹 내에서 키를 공유하고 관리하는 방법이 필요합니다. 그러나 인터넷 등을 이용하는 경우 상대가 멀리 떨어져 있을 가능성이 있어 '어떻게 상대방에게 키를 전달할 것인가'라는 문제가 발생합니다.

또한 통신하는 상대방이 증가하면 그만큼 키가 필요하게 되어, 점차 방대해지는 키에 대한 관리가 요구됩니다. 2명이라면 1개의 키로 충분하지만, 3명이라면 3개, 4명이라면 6개, 5명이라면 10개로 늘어납니다(그림 5-4).

공통키 암호는 부하가 적다

앞서 언급한 카이사르 암호는 암호화와 복호화에 동일한 키(평행이동 문자)를 사용했습니다. 이렇게 암호화와 복호화에 한 개의 동일한 키를 사용하는 방법을 **공통키 암호(대칭키 암호)**라고 합니다. 키가 알려져버리면 암호문을 복호화하는 것이 가능하므로, 키를 비밀로 할 필요가 있어서 **비밀키 암호**라고도 합니다.

공통키 암호는 쉽게 구현할 수 있으며, 암호화 및 복호화 처리를 고속으로 실행할 수 있습니다. 커다란 파일을 암호 처리할 때 상당한 시간이 걸린다면 실용적인 측면에서 효율성이 떨어지기 때문에 처리 속도는 대단히 중요합니다.

카이사르 암호가 문자 단위로 처리하듯이, 순차적으로 암호화하는 방법을 **스트림(Stream) 암호**라고 부르고 있습니다. 현대 암호에서는 스트림 암호에 추가하여 문자 단위가 아닌 일정한 길이로 모아서 암호화하는 **블록 단위 암호**가 자주 사용되고 있으며, DES나 **트리플 DES, AES** 등이 유명합니다(그림 5-5).

그림 5-4 공통키 암호에서 문제가 되는 키의 개수

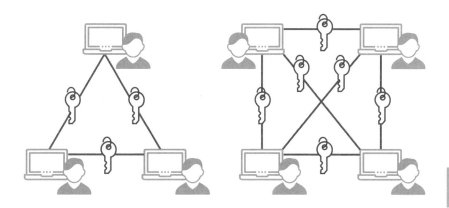

그림 5-5 공통키 암호 방식

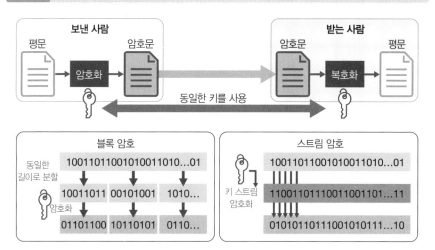

Point

✔ 통신 상대방이 늘어나면 그 만큼의 키가 필요할 뿐만 아니라 상대방에게 어떻게 키를 건네줄 것인가 하는 "키 배송의 문제"가 있다.

✔ 공통키 암호는 암호화와 복호화에 동일한 키를 사용한다.

✔ 현재 자주 사용되고 있는 DES, 트리플 DES, AES 등은 블록 단위로 분할하여 암호화하는 "블록 암호"이다.

키 배송 문제를 해결한 암호

키 문제를 해결한 "공개키 암호"

공통키 암호에서, "키를 어떻게 전달해야 하나?" "대량의 키를 어떻게 관리해야 하나?" 등의 문제점을 해결한 암호 방식이 **공개키 암호**입니다. 암호화 및 복호화에 다른 키를 사용하기 때문에 **비대칭 암호**라고도 합니다(그림 5-6). 암호화 및 복호화에 사용되는 키는 다른 키라고 해도 각각이 독립적인 것이 아니라 쌍을 이루고 있습니다. 하나는 **공개키**라고 하며 제3자에게 공개되어도 상관 없습니다. 다른 하나는 **비밀키**라고 하며 본인 이외에는 절대로 알려지지 않도록 해야 합니다.

예를 들어, A 씨가 B 씨에게 데이터를 송신할 때, B 씨는 한 쌍의 공개키와 비밀키를 준비하여 공개키는 공개를 합니다. A 씨는 B 씨의 공개키를 사용하여 데이터를 암호화하고 암호문을 B 씨에게 보냅니다. B 씨는 수신된 암호문을 B 씨가 가진 비밀키로 복호화하여 원래의 데이터를 얻어낼 수 있습니다. 이 때, 비밀키는 B 씨 밖에 모르기 때문에 암호문이 제3자에게 도청되어도 복호화되는 것은 아닙니다(그림 5-7).

공개키 암호의 장점과 단점

공개키 암호에서 준비하는 키는 2개(공개키와 비밀키)뿐 입니다. 즉, 통신 상대방의 수가 늘어나도 준비하는 키가 증가하는 것은 아닙니다. 또한 암호문을 교환하는 경우 수신자가 공개키를 공개하면 되기 때문에, 공통키 암호처럼 '키를 어떻게 전달해야 할까?'라는 문제도 발생하지 않습니다.

한편, 공개키 암호는 대칭키 암호에 비해 복잡한 계산을 수행합니다. 따라서 부하가 많이 발생하므로 커다란 파일에 대한 암호화에는 적합하지 않습니다. 또한 애초에 공개키를 공개한 상대가 본인임을 증명하는 인증기관과 인증서가 필요합니다(5-4 참조). 또한 후술하게 될 "중간자 공격"의 우려도 있습니다(5-14 참조).

그림 5-6   공통키 암호와 공개키 암호의 차이

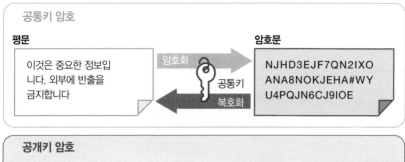

그림 5-7   공개키 암호에 의한 교환

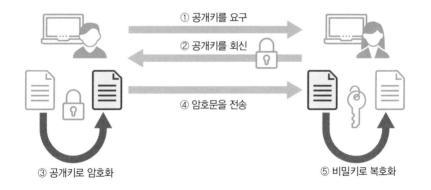

Point

✔ 공개키 암호는 통신 상대방이 늘어나도 관리해야 하는 키의 숫자가 증가하지 않고, 키의 배송 문제도 해결하였다.

✔ 공개키 암호는 공개키를 발행한 상대가 본인임을 증명하기 위해 인증기관과 인증서가 필요하다.

공개키 암호를 지원하는 기술

올바른 상대임을 증명하는 "인증서" "인증기관" "PKI" \\

공개키 암호는 공개된 키가 적법한 상대방의 키라는 보장이 없다는 불안감이 있습니다. A 씨가 B 씨를 사칭하여 B의 공개키를 공개해도 그것이 올바른 것인지 판단할 수 없습니다. 공개키와 비밀키를 생성하는 것은 자유이므로 B 씨를 사칭할 수 있는 것입니다.

실제 사회에서도 다른 사람을 사칭하여 인감을 생성하면 그 인감이 본인의 것인지 판단할 수 없습니다. 그러나 인감의 경우에는 공공기관에 인감 등록을 해두면, 인감 인증서를 통해 본인의 것임을 확인할 수 있습니다.

공개키 암호도 마찬가지로, 공개키를 관리하는 인증기관에 의해 "적법한 상대방이다"라는 인증서가 발급되면 안심하고 거래할 수 있습니다. 이 기관을 **인증기관**(Certificate Authority: **CA**)이라고 부르며, 이러한 인증의 기반이 되고 있는 것은 PKI(Public Key Infrastructure: **공개키 기반**)입니다(**그림 5-8**).

인증기관과 인증서의 신뢰성을 확인하는 방법 \\

인증기관은 누구나 만들 수 있으므로 공격자가 임의로 만든 인증기관인 경우 신뢰할 수 없게 됩니다. 그래서 신뢰할 수 있는 인증기관에서 발급된 인증서임을 확인하기 위해 **인증서 체인**이 사용됩니다.

인증서 체인은 **인증경로**라고도 불리며, 해당 인증서를 발행한 인증기관을 차례로 확인하여 신뢰할 수 있는 인증기관까지 도달할 수 있는지 여부를 확인하기 위해 사용됩니다. **그림 5-9**와 같이 발급된 인증서에 포함된 인증기관의 디지털 서명을 순서대로 확인하여 최상위 인증기관에 도달할 수 있는지 확인합니다.

이 최상위에 해당하는 인증서를 **루트 인증서**라고 합니다. 웹 사이트를 조회할 때 사용되는 루트 인증서는 웹 브라우저를 설치할 때 자동으로 설치되어 있습니다.

웹 사이트의 경우에는 전송 대상 웹 서버에 미리 **서버 인증서**를 배치해 놓음으로써, 그 웹 서버가 신뢰할 수 있는지 여부를 확인합니다.

그림 5-8 인증기관에 의한 인증서 발행

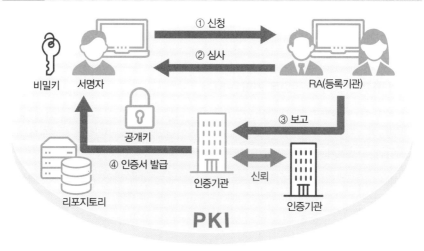

그림 5-9 인증서 체인

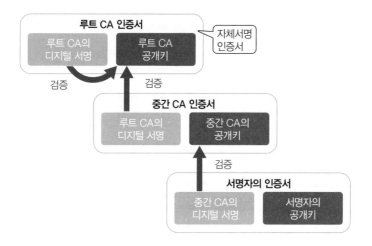

Point

✔ 인증기관에서 발급한 인증서에 의해 본인의 것임을 증명할 수 있다.

✔ 신뢰할 수 있는 인증기관임을 확인하기 위해서 루트 CA 인증서에서부터 연결되어온 인증서 체인을 검증한다.

위·변조 검출에 사용되는 기술

내용을 바꾸면 값이 큰 폭으로 변하는 해시

데이터의 송수신 처리 작업이 성공적으로 완료되었어도, 통신 경로에서 위·변조가 발생했다면 큰 문제가 됩니다. 또한 수신된 데이터가 손상되었다면 그 이후에 수행되어야 하는 처리가 진행되지 않습니다.

따라서 전송된 데이터와 수신된 데이터가 동일하다는 것을 확인할 필요가 있습니다. 이러한 필요에 의해 사용되는 것이 **해시**(Hash)이며, 해시를 구하기 위해 수행되는 처리를 **해시 함수**, 구해진 값을 **해시 값**이라고 합니다. 해시는 다음과 같은 특징이 있습니다(그림 5-10).

- ◆ 해시 함수를 적용한 결과물로부터 원본 메시지를 추정할 수 없다.
- ◆ 메시지의 길이에 관계없이 해시 값의 길이는 일정하다.
- ◆ 동일한 해시 값이 나타나는 다른 메시지를 만들어 낼 수 없다.

전송된 데이터와 비교하여 내용이 조금이라도 변화되었다면 해시 값은 큰 폭으로 바뀝니다. 따라서 수신된 데이터의 해시 값을 비교하면 동일한 데이터인지 여부를 확인할 수 있습니다.

해시의 활용 방법

해시가 사용되는 예로, 웹 사이트에서 다운로드한 파일이 손상되지 않았는지 확인하는 용도가 있습니다. 다운로드한 파일과 함께 그 파일의 해시 값을 공개함으로써 다운로드한 사람은 올바른 파일이 다운로드 되었는지를 확인할 수 있습니다(그림 5-11).

패스워드를 저장하는 용도로도 사용할 수 있습니다. 관리자는 입력된 패스워드를 그대로 보관하는 것이 아니라 해시 값으로 저장하고, 로그인시 암호 대신 해시 값을 비교하여 로그인 처리를 수행합니다. 해시 값이 유출되어도 패스워드는 해시 값을 통해 알아낼 수 없기 때문에 유출로 인한 위험을 줄일 수 있습니다(그림 5-12).

그림 5-10　해시의 특징

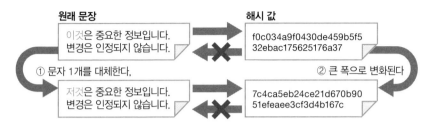

원래 문장

이것은 중요한 정보입니다.
변경은 인정되지 않습니다.

해시 값

f0c034a9f0430de459b5f5
32ebac175625176a37

① 문자 1개를 대체한다.

② 큰 폭으로 변화된다

저것은 중요한 정보입니다.
변경은 인정되지 않습니다.

7c4ca5eb24ce21d670b90
51efeaee3cf3d4b167c

그림 5-11　해시 값으로 파일이 올바른지 확인하기

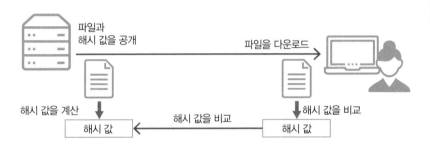

파일과
해시 값을 공개

파일을 다운로드

해시 값을 계산

해시 값

해시 값을 비교

해시 값을 비교

해시 값

그림 5-12　패스워드를 해시 값으로 저장한다

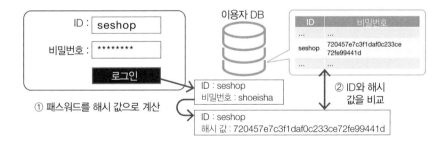

ID : seshop

비밀번호 : ********

로그인

이용자 DB

ID	비밀번호
...	...
seshop	720457e7c3f1daf0c233ce72fe99441d
...	...

① 패스워드를 해시 값으로 계산

ID : seshop
비밀번호 : shoeisha

ID : seshop
해시 값 : 720457e7c3f1daf0c233ce72fe99441d

② ID와 해시
값을 비교

Point

✔ 해시 값을 비교함으로써 데이터가 위·변조되지 않았다는 것을 확인할 수 있다.

✔ 패스워드를 보관할 때 해시 값을 사용하면, 유출로 인하여 발생되는 위험을 줄일 수 있다.

공개키 암호 방식을 서명에 사용

전자 서명이 필요한 이유와 디지털 서명

인감이나 사인(Sign)은 "본인이 만들었다" 또는 "승인한다"라는 것을 증명하기 위해 사용됩니다. 종이 문서인 경우에 인감이 찍힌 이후에 임의의 수정이 발생하는 일은 거의 없지만 최근에는 문서나 데이터가 전자화되었습니다.

이러한 전자 파일의 내용 변경은 너무나 간단해서 사용자가 작성한 내용을 복사하여 작성자의 이름을 바꾸는 것도 어렵지 않습니다. 본인이 작성한 후, 제3자에 의해 변경되었어도 눈치채지 못한 사람들이 많을 것입니다. 악의적으로 조작된 경우 그것을 알아내기는 어렵습니다.

그래서 전자 파일에 대해서는 **전자 서명**을 사용함으로써, 데이터의 내용에 대한 신뢰성을 높일 필요가 있습니다. 공개키 암호를 이용한 전자 서명을 **디지털 서명**이라고 부르며 일반적으로 많이 사용하고 있습니다(**그림 5-13**).

디지털 서명의 구조

디지털 서명을 이용하여 문서에 서명하려면, 서명자는 전자 문서의 해시 값을 계산하고 "서명자의 비밀키"로 암호화합니다. 그리고 "전자 문서" "암호화된 해시 값" "전자 인증서" 3종을 검증자에게 전달합니다.

검증자는 "암호화된 해시 값"을 "전자 인증서에 포함된 서명자의 공개키"로 복호화하고 전자 문서로부터 계산한 해시 값과 비교하여 검증합니다.

개인키는 서명자만 가지고 있기 때문에 제대로 복호화하면 암호화된 전자 문서는 서명자가 만든 것으로 판명됩니다. 또한 이러한 방법은 서명자가 그 전자 문서를 작성했다는 사실을 부인할 수 없게 합니다. 또한 해시 값이 일치함을 통해 전자 문서가 위·변조되지 않는다는 것을 보장할 수 있습니다(**그림 5-14**).

그림 5-13 공개키 암호와 디지털 서명의 관계(RSA 암호의 경우)

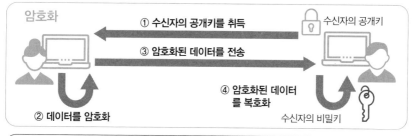

그림 5-14 디지털 서명의 구조

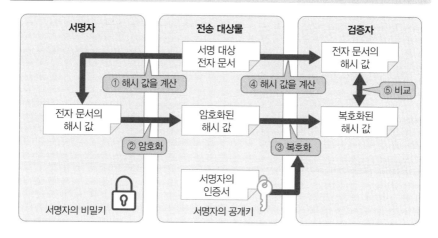

Point

✔ 전자 서명을 하는 방법으로 공개키 암호를 이용한 디지털 서명이 있다.

✔ 디지털 서명에 의해 위 · 변조되지 않았음을 보장할 수 있다.

공통키 암호와 공개키 암호의 조합

공통키 암호와 공개키 암호의 하이브리드(Hybrid)

공통키 암호는 빠르게 수행할 수 있지만, 키의 안전한 전달과 관리상의 어려움이 있습니다. 또한 공개키 암호는 키의 전달과 관리가 쉬운 반면, 처리에 시간이 걸린다는 단점이 있습니다.

둘 다 장·단점이 있는 방식이지만, 각각의 장점을 살리고 단점을 보완하기 위해 이들과 해시 등을 결합한 **하이브리드 암호**가 사용되고 있습니다.

예를 들면, "공통키 암호의 키를 네트워크를 통해 전달하기" "통신 상대방이 올바른지 여부를 판정하는 인증 데이터를 교환하기" 같은 중요한 데이터의 전달에는 공개키 암호를 사용하고 실제로 전송되는 커다란 데이터의 암호화는 공통키 암호를 사용하며, 데이터 무결성 확인에는 해시를 사용합니다(**그림 5-15**).

SSL의 조합

웹 브라우저로 웹 사이트를 조회하는 통신을 암호화하는 방식에는 **SSL**(Secure Sockets Layer)과 **TLS**(Transport Layer Security)가 있습니다. SSL이나 TLS는 공통키 암호와 공개키 암호를 조합하여 사용하고 있습니다.

이용자가 서버에 연결을 요청하면 서버는 "서버의 공개키"를 제공합니다(실제로는 서버의 인증서를 제공). 이용자는 준비한 공통키를 "서버의 공개키"로 암호화하여 서버에 전송합니다. 서버는 "서버의 비밀키"로 복호화하여 공통키를 추출합니다(공개키 암호를 사용).

또한 이용자는 준비된 공통키로 데이터를 암호화합니다. 이 데이터를 서버로 전송하면 서버는 조금 전에 추출해 두었던 이용자가 보낸 공통키로 복호화하여 데이터를 검색할 수 있습니다. 반대로, 서버에서 데이터를 이용자에게 보낼 때도 마찬가지로 공통키로 암호화하여 전송하고, 이용자는 공통키로 복호화하여(공통키 암호를 사용) 데이터를 추출할 수 있습니다(**그림 5-16**).

그림 5-15 하이브리드 암호의 특징

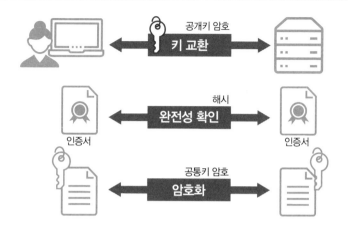

그림 5-16 SSL의 암호화 단계

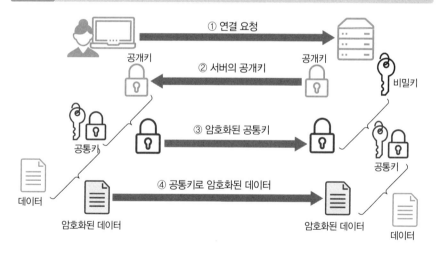

Point

✔ 하이브리드 암호는 공개키 암호와 비밀키 암호가 결합되어 각각의 장점을 살리고 있다.

✔ SSL이나 TLS에서도 공통키 교환에 공개키 암호를 사용하고, 데이터를 암호화할 때는 공통키 암호를 사용한다.

웹 사이트의 안전성은 키 마크로 표시

통신의 암호화 및 사이트의 존재를 증명하는 "HTTPS"

개인정보를 보호하는 사회 분위기가 높아지고 있는 가운데, 웹 사이트에서 신용카드 번호나 개인정보를 입력할 때 통신상의 암호화 여부 확인은 당연한 것이 되었습니다. 무선 LAN 보급으로 인해 외출한 장소에서 인터넷에 접속할 때 도청의 위험을 우려하는 사람들도 늘어나고 있습니다.

웹 사이트가 SSL이나 TLS를 지원하는 경우 HTTPS라는 프로토콜이 사용되며, "https"로 시작하는 URL 앞에 자물쇠 아이콘이 표시됩니다. 이 아이콘을 클릭하면 해당 서버에 사용되는 "인증서"가 표시되어 해당 사이트의 존재 여부를 증명할 수 있습니다(그림 5-17).

웹 브라우저는 이 인증서가 신뢰할 수 있는 것인지 여부를 확인하여 신뢰할 수 있는 경우에는 수용하여 해당 웹 사이트를 표시합니다. 인증서가 신뢰할 수 없는 경우 "인증서를 신뢰할 수 없습니다"라는 경고 표시가 나옵니다.

"상시 SSL"이 요구되는 배경

지금까지 SSL은 도입에 비용이 들거나 응답 성능 저하가 걸림돌이었습니다. 따라서 암호화하지 않거나 입력 양식(Form) 페이지에만 HTTPS로 처리하는 방안이 진행되기도 했습니다.

그러나 검색 사이트가 SSL로 바뀌는 것 이외에, SSL로 바뀐 사이트가 검색 사이트 상위에 나타나는 등의 변화가 있었고 사이트의 모든 페이지를 SSL로 바꾸는 '상시 SSL'이 빠르게 보급되었습니다(그림 5-18). SSL 인증을 하지 않으면 접속에 대한 해석에 영향이 발생할 뿐만 아니라, 검색 결과가 상위에 나타나지 않아 접속자 수가 감소하게 되는 가능성도 있습니다.

SSL의 암호화 · 복호화 처리가 웹 서버에게 부담이 크며 응답 성능 저하를 초래할 수 있어 다양한 대책이 강구되고 있습니다. 예를 들어, 새로운 프로토콜인 HTTP/2 도입의 가속화입니다. 또한 SSL 가속기라는 전용 하드웨어를 이용한 암호화 작업을 수행하여 서버의 부하를 낮추는 방법도 있습니다.

그림 5-17 인증서의 내용을 확인하기

그림 5-18 상상 SSL을 사용한 전체 페이지 암호화

Point

✔ HTTPS는 서버에 설치된 인증서에 의해 통신의 암호화뿐만 아니라, 사이트의 존재 여부 증명이 가능하다.

✔ 요즘은 보안적인 측면뿐만 아니라 검색 사이트의 상단에 표시되는 등 비즈니스 측면에서도 '상시 SSL'이 요구되고 있다.

안전성을 더욱 강화한 암호화

소인수 분해의 복잡성을 이용한 "RSA 암호" \\\\\\\\\\\\\\\\\\\\\\\\\\\\\\\

공개키 암호 기법으로 현재 많이 사용되고 있는 것은 **RSA 암호**입니다. 이것은 큰 숫자를 소인수 분해하기 어렵다는 점을 이용하고 있습니다.

예를 들어, 15를 소인수 분해하면 3×5라는 것을 쉽게 계산할 수 있습니다. 그러나, 10,001를 소인수 분해하면 73×137이지만, 이를 수작업으로 계산한다면 엄청난 시간이 걸립니다. 이 정도라면 컴퓨터를 사용한다면 순식간에 계산할 수 있지만, 이보다 큰 숫자를 사용하면 최신 컴퓨터를 사용해도 쉽게 풀 수 없습니다(**그림 5-19**).

이처럼 RSA 암호는 자릿수를 늘리는 것 만으로 소인수 분해는 매우 어려운 문제가 된다는 것을 이용하고 있습니다. 그러나 컴퓨터의 성능이 향상됨에 따라 해독 가능한 자릿수가 늘어나고 있는 반면, 자릿수를 늘리게 되면 처리 시간도 더욱 더 늘어나는 문제가 있습니다. 현시점에서 아직까진 안전하다고 얘기되고 있지만 미래를 봤을 때 검토가 필요한 시기가 다가오고 있습니다.

RSA 암호를 대신하여 주류가 되고 있는 "타원곡선 암호" \\\\\\\\\\\\\\\\\\\\\\\\

공개키 암호에서 RSA 암호 방식의 대안으로 **타원곡선 암호**가 주목받고 있습니다. 타원곡선 암호는 "타원곡선상의 이산대수 문제"라고 불려지는 문제를 근거로 하고 있으며, 양자 컴퓨터 이외는 효율적으로 해결하는 알고리즘이 없다는 특징이 있습니다.

RSA 암호보다 키 길이를 짧게 해도 동일한 수준의 안전성을 확보할 수 있다고 알려져 있으며, 1024비트 RSA 암호화와 160비트의 타원곡선 암호가 동등한 안전성을 갖는다고 알려져 있습니다(**그림 5-20**). 앞으로 공개키 암호의 핵심적인 역할을 담당할 것으로 기대되고 있습니다.

타원곡선으로 암호화된 인증서는 SSL에서도 이미 발행되고 있으며 실용화되어 있는 상태입니다. 지원하는 서버와 브라우저도 증가하고 있어 향후 표준으로 사용될 것입니다.

그림 5-19 RSA 암호로 사용되는 소인수 분해

암호화할 때	복호화할 때	
$3 \times 5 = 15$	$15 = p \times q$	$\Rightarrow$ $p = ?$, $q = ?$ 수작업으로도 계산 가능
$73 \times 137 = 10001$	$10001 = p \times q$	$\Rightarrow$ $p = ?$, $q = ?$ 컴퓨터라면 한 순간에 풀어버림

3490529510847650949147849619903898133417764638493387843990820577
×32769132993266709549961988190834461413177642967992942539798288533
=1143816257578888676692357799761466120102182967212423625625618429
35706935245733897830597123563958705058989075147599290026879543541

↳ 1143816257578888676692357799761466120102182967212423625625618429
35706935245733897830597123563958705058989075147599290026879543541
= p × q

$\Rightarrow$ $p = ?$, $q = ?$ 컴퓨터라면 현실적인 시간 내에 풀 수 있음

좀더 큰 숫자 ▶ 컴퓨터라도 현실적인 시간 안에 풀 수 없음 ……이것을 RSA 암호화에 사용

그림 5-20 RSA 암호와 타원곡선 암호의 계산량

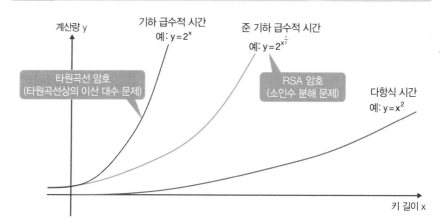

계산량 y

기하 급수적 시간
예: $y = 2^x$

준 기하 급수적 시간
예: $y = 2^{x^{\frac{1}{2}}}$

타원곡선 암호
(타원곡선상의 이산 대수 문제)

RSA 암호
(소인수 분해 문제)

다항식 시간
예: $y = x^2$

키 길이 x

Point

✔ RSA 암호는 큰 숫자에 대한 소인수 분해는 컴퓨터를 사용해도 시간이 소요된다는 것을 이용하고 있다.

✔ RSA 암호의 자리수가 점차 커지고 있기 때문에, 더 적은 자리수로 동등한 안전성을 실현할 수 있는 타원곡선 암호가 사용되기 시작하고 있다.

Chapter
5

암호가 안전하지 않다면 어떻게 될까?

암호가 안전하지 않게 된다

공통키 암호와 공개키 암호는 키를 모르는 사람이 풀려고 하면 최신 컴퓨터를 이용해도 엄청난 숫자의 키를 확인해야 합니다. 즉, 암호를 푸는데 많은 시간이 필요하다는 것을 안전의 근거로 삼고 있습니다.

그러나 컴퓨터의 성능은 점차 발전하고 있습니다. 따라서 언젠가는 다수의 컴퓨터 이용으로 인해 키가 발견될 우려가 있어서 암호의 안전성이 유지될 수 없게 됩니다. 이러한 상황을 **암호(알고리즘)의 위기**라고 합니다(그림 5-21). 이것은 "큰 숫자에 대한 소인수 분해를 쉽게 수행할 수 있는 해법이 발견된다"는 것도 마찬가지 경우입니다.

또한 비밀키가 유출되는 사태가 발생된다면, 암호화한다는 것이 의미가 없어지게 되기 때문에 실제로 이러한 상황을 **암호 키의 위기**라고도 합니다.

해지된 인증서의 관리

비밀키가 노출된 경우나 암호화 방식이 해독된 경우는 해당하는 인증서를 사용할 수 없도록 해야 합니다. 이를 "해지"라고 하며, 인증기관은 해지된 인증서를 **인증서 해지 리스트**(CRL: Certificate Revocation List)에 등록합니다(그림 5-22).

해지된 모든 인증서는 CRL에 게재되고 공개됩니다. 여기에 등록된 인증서는 사용할 수 없습니다. 인증기관은 리스트를 게시만 하므로 서버에 대한 관리는 간단합니다. 그러나 CRL에 등록된 해지 정보가 많아지면 CRL의 사이즈가 점차 커지게 됩니다. 또한 모든 해지 정보를 매번 다운로드하는 것도 불필요하며 번거로운 행위라고 할 수 있습니다.

CRL 문제를 해결하기 위한 방법으로, 해지 여부를 확인하고 싶은 인증서 정보를 전송하면 서버에서 CRL에 게재되어 있는지 여부를 확인하는 **OCSP**(Online Certificate Status Protocol)가 사용되는 경우도 있습니다. CRL의 사이즈가 커져도 대역폭을 넓히지 않아도 되는 장점이 있지만, 요청에 대한 결과를 반환하는 처리 기능을 개발해야 하고 서버를 관리해야 하는 부담이 생깁니다.

그림 5-21 암호의 위기

성능 향상	새로운 해법	키 유출
● 고속화 ● 병렬화	● 결함 발견 ● 효율적인 해법	● 부적절한 관리 ● 외부 유출

그림 5-22 CRL

Chapter
5

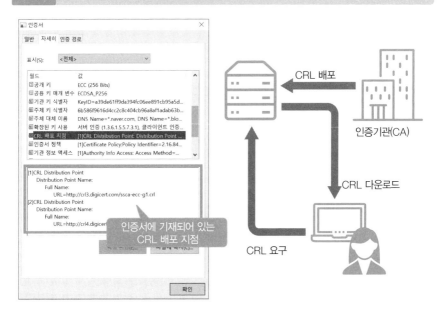

인증서에 기재되어 있는 CRL 배포 지점

Point

✔ 컴퓨터의 성능 향상과 병렬화뿐만 아니라 암호화 알고리즘 자체의 결함이 발견되거나, 암호화 알고리즘에 대한 효율적인 해법의 발견으로 인해 암호가 위태롭게 되는 경우가 있다.

✔ 인증기관에서 인증서를 CRL에 등록하게 되면 해당 인증서는 사용할 수 없게 된다.

메일의 안전성을 높인다

메일을 암호화한다

전자 메일을 송수신할 때 **SMTP**(Simple Mail Transfer Protocol)와 **POP**(Post Office Protocol)이라는 프로토콜이 많이 사용되고 있었습니다. 그러나 SMTP와 POP을 이용한 메일은 평문 그대로 전송되고 있습니다. 따라서, 도청 및 위·변조 등 이 기술적으로 가능한 상태입니다.

그래서 메일을 암호화하는 방법으로 지금까지 **PGP**(Pretty Good Privacy)나 **S/MIME**(Secure Multipurpose Internet Mail Extensions)라는 방법이 이용되어 왔습니다(그림 5-23).

PGP와 S/MIME는 모두 공개키 암호를 이용한 암호화와 전자 서명을 사용할 수 있습니다. 따라서 도청을 방지할 수 있고 송신자를 확실하게 확인할 수 있으며 내용이 변조되지 않았다는 것을 확인할 수 있습니다. 그러나 송신자와 수신자 모두 PGP와 S/MIME를 사용하고 있어야 합니다. 게다가 S/MIME는 인증기관으로부터 인증서를 발급받아야 하므로 절차가 복잡할 뿐만 아니라 비용도 소요됩니다.

통신 경로를 암호화한다

웹 사이트 조회에 사용되는 HTTPS와 마찬가지로 통신 경로에서 메일을 암호화하는 방법에는 **SMTP over SSL**과 **POP over SSL**이 있습니다.

메일을 보낼 때 SMTP over SSL을 사용하면 "송신자"와 "송신자의 메일서버" 구간에서 통신이 암호화됩니다. 또한 메일을 받을 때 POP over SSL을 사용하면 "수신자의 메일서버"와 "수신자" 구간에서 통신이 암호화됩니다(그림 5-24).

송신 메일서버와 수신 메일서버 사이의 구간에서 통신이 암호화되지 않기 때문에 지금까지는 대중적으로 사용되지 않았습니다. 그러나 최근에는 Gmail 등의 메일서버 가 지원하고 있으며, SMTP over SSL과 POP over SSL을 사용하면 지금까지 회사 내부의 암호화 범위를 벗어난 통신 경로도 암호화가 보장되어 급격하게 도입이 확산되고 있습니다. 또한 S/MIME처럼 개별적으로 인증서를 발급할 필요도 없습니다.

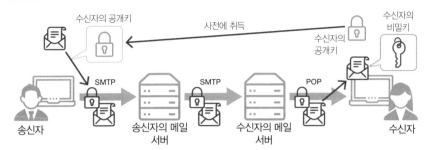

그림 5-23 PGP와 S/MIME 암호화 범위

수신자의 공개키
사전에 취득
수신자의 비밀키
수신자의 공개키
송신자
SMTP
SMTP
POP
송신자의 메일 서버
수신자의 메일 서버
수신자

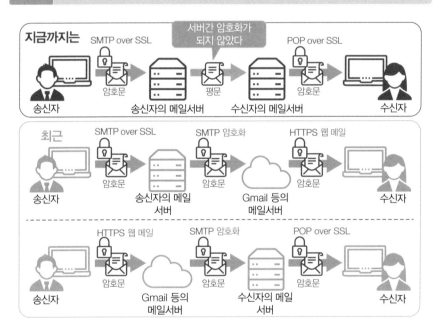

그림 5-24 SMTP over SSL과 POP over SSL의 암호화 범위

지금까지는
SMTP over SSL
서버간 암호화가 되지 않았다
POP over SSL
송신자
암호문
송신자의 메일서버
평문
수신자의 메일서버
암호문
수신자

최근
SMTP over SSL
SMTP 암호화
HTTPS 웹 메일
송신자
암호문
송신자의 메일 서버
암호문
Gmail 등의 메일서버
암호문
수신자

HTTPS 웹 메일
SMTP 암호화
POP over SSL
송신자
암호문
Gmail 등의 메일서버
암호문
수신자의 메일 서버
암호문
수신자

Point

✔ 지금까지 전자메일 암호화 방법으로 PGP와 S/MIME이 사용되고 있었는데, 송신자와 수신자 모두가 PGP와 S/MIME을 사용해야만 가능했다.

✔ 통신 경로에서 암호화하는 방법으로 SMTP over SSL과 POP over SSL이 사용되기 시작했고, 적용하는 메일 서버들도 지속적으로 늘어나고 있다.

5-12

SSH, 클라이언트 인증서, VPN, IPsec

원격에서 안전한 통신을 실현

네트워크를 경유하여 서버와 안전하게 통신한다 ////////////////////////////////////

떨어져 있는 장소에서 서버 작업을 실행할 때, 네트워크를 경유해서 안전하게 통신하기 위한 프로토콜인 SSH(Secure Shell)가 있습니다. 서버에 로그인하여 명령어를 실행하거나 다른 컴퓨터로 파일을 복사할 때 사용됩니다. 기밀성을 확보해야 하는 경우 SSH를 사용하여 통신 데이터를 암호화하는 것입니다.

SSH를 통해 서버의 인증뿐만 아니라 이용자의 인증을 실시합니다. SSH로 이용자를 인증하는 방법에는 패스워드 인증과 공개키 인증 등이 있으며 두 가지를 조합하여 사용할 수 있습니다. 이 공개키 인증에 사용되는 인증서를 **클라이언트 인증서**라고 합니다. 한 번 설정하면 패스워드 인증이 불필요하여 편리하게 사용할 수 있습니다. 그러나 권한을 가지고 있는 사람이라도 **인증서가 등록되어 있지 않은 컴퓨터에서 접속할 수 없습니다.** SSH나 기타 통신 프로토콜과 암호화 여부는 **그림 5-25**에 정리되어 있습니다.

인터넷을 통해 안전하게 회사 내부로 접속하려면 ////////////////////////////////

외출을 나간 장소에서 회사 내부로 접속하고자 하는 경우에는 원격지에서 인터넷을 통해 접속하게 되는데 이때 안전한 통신을 해야 합니다. 그래서 암호화 기술을 이용하여 가상의 전용선과 같은 안전한 통신 회선을 구현하는 것이 **VPN**(Virtual Private Network)입니다.

인터넷을 경유할 때 VPN을 구현하기 위한 프로토콜로 **SSL-VPN과 IPsec**이 유명합니다. SSL은 웹 브라우저 등 많은 소프트웨어에 탑재되어 있기 때문에 SSL-VPN은 전용 소프트웨어를 설치하지 않아도 간편하게 시작할 수 있습니다. 그러나 SSL은 웹 브라우저 등 특정 어플리케이션으로만 암호화하기 때문에 범용적이지 않습니다.

그래서 IP 레벨에서 암호화하는 IPsec이 사용됩니다. IPsec은 인터넷 계층 프로토콜이므로 상위 계층인 어플리케이션 계층은 암호화를 고려할 필요가 없으며 범용적으로 통신을 암호화할 수 있습니다(**그림 5-26**).

그림 5-25 각 프로토콜의 암호화 유무(SSH와 Telnet, SCP와 FTP)

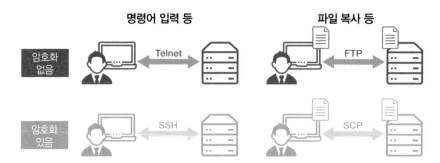

명령어 입력 등　**파일 복사 등**

그림 5-26 SSL-VPN과 IPsec

SSL-VPN

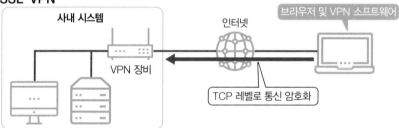

IPSec

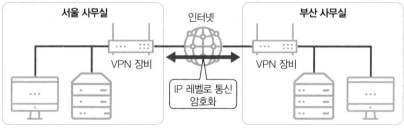

Point

✔ 명령어 입력이나 파일 전송을 암호화하는 방법으로 SSH가 많이 사용되고 있다.

✔ 외부 출장지에서 회사 내부로 접속하는 통신을 암호화하기 위해 VPN이 사용되고 있으며,
　인터넷을 경유하는 방법으로는 SSL-VPN이나 IPsec이 많이 사용되고 있다.

프로그램에도 서명한다

소프트웨어의 디지털 서명

소프트웨어 개발 환경이 마련되면 누구나 개발할 수 있으며 동일한 이름의 소프트웨어를 만드는 것도 간단합니다. 온라인으로 소프트웨어를 취득할 수 있어 편리해진 반면, 기존 소프트웨어를 위·변조하여 악성 코드를 포함시키거나, 정품 공급업체로 위장하여 가짜를 배포하는 사례가 끊이지 않습니다.

이러한 위험으로부터 사용자를 보호하기 위해 출처에 대한 인증과 사칭 및 내용의 위·변조 등이 발생하지 않았다는 것을 보장하기 위해 **코드 서명 인증**서가 사용되고 있습니다(그림 5-27).

이 인증서를 사용하여 소프트웨어에 디지털 서명을 함으로써, 정품이 아닌 경우 다운로드할 때 또는 프로그램을 실행할 때 경고 메시지가 표시되도록 하였습니다. 이렇게 사용되는 디지털 서명을 **코드 서명**이라고도 부릅니다.

날짜를 증명하는 "타임 스탬프"

전자 서명을 추가하면 전자 문서를 작성한 사람이나 그 내용을 증명할 수 있습니다. 그러나 여기에서 증명할 수 있는 것은 "누가" "무엇을" 한 것인가에 대한 것뿐입니다. 즉, 전자 문서가 "언제" 작성된 것인지는 입증할 수 없습니다.

예를 들어, 기업이 특허를 신청하는 경우 "발명 시기"는 매우 중요합니다. 어떤 기록을 남겨두고 그 시점에 이미 발명하고 되었다는 것을 증명해야 합니다. 즉, 전자 문서가 작성된 일시를 증명하지 않으면 안됩니다. 이 문제를 해결하는 기술이 **타임 스탬프**입니다(그림 5-28).

타임 스탬프는 크게 나누어 **존재 증명**(어느 시각에 그 문서가 존재하고 있었다)과 **무결성 증명**(그 문서는 위조되지 않았다)을 위해 사용됩니다.

그림 5-27 코드 서명 인증서의 구조

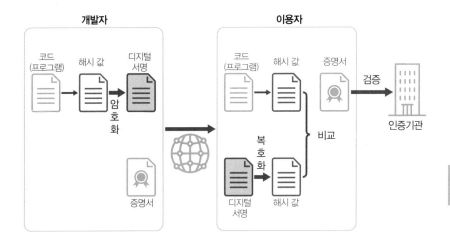

그림 5-28 타임 스탬프와 전자 서명으로 증명할 수 있는 것

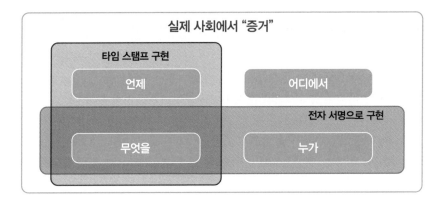

Point

✔ 소프트웨어의 공급처를 인증하고 위·변조 등이 이루어지고 있지 않다는 것을 증명하기 위해 코드 서명이 이용된다.

✔ 타임 스탬프를 사용함으로써, 전자문서가 "언제" 생성된 것인지 증명할 수 있다.

✔ 타임 스탬프에 의해 존재 증명과 완전성 증명이 가능하다.

데이터 송수신 중개에 개입하는 공격자

송신자와 수신자 모두가 속아버리는 "중간자 공격"이란?

공개키 암호를 사용하면 통신 경로에서 내용이 암호화되고 기밀 정보를 안전하게 전송할 수 있게 됩니다. 그러나 제3자가 통신 사이에 개입함으로써 암호화된 데이터를 읽어낼 수 있는 방법이 지적되고 있습니다. 그 방법의 하나가 **중간자 공격**(MITM: Man-In-The-Middle attack)입니다.

예를 들어, A와 B가 통신하려고 할 때 공격자가 사이에 들어갑니다. A는 B와 통신한다고 생각하지만 실제로는 공격자와 통신하고 있습니다. B도 A와 통신한다고 생각하지만 실제로는 공격자와 통신합니다(그림 5-29).

중간자 공격을 방지하려면 통신 상대가 발행하는 인증서 내용을 확인하는 것이 효과적이며 EV SSL 인증서를 사용하는 방법도 있습니다(그림 5-30, 그림 5-31).

중간자 공격이 성립하는 절차

어떻게 해서 중간자 공격이 성공하게 되는 걸까요? 좀 더 자세히 알아보겠습니다.

A가 B에게 정보를 보낼 때, A는 B의 공개키로 암호화하려고 합니다. 이것을 알고 있는 공격자는 사이에 끼어 양쪽을 모두 사칭하여 공격자 자신의 공개키를 A에게 보냅니다. 그러면 A는 공격자의 공개키를 B의 공개키라고 착각하게 됩니다. A가 이 공개키로 데이터를 암호화해서 송신하면, 공격자는 자신의 비밀키로 복호화합니다. 공격자는 데이터 내용을 확인한 후에 B의 공개키로 암호화하고 아무것도 없었던 것처럼 B에게 보냅니다.

B는 자신의 비밀키로 복호화하여 수신한 내용을 확인할 수 있지만, 실제로는 공격자에 의해 도청되고 있습니다. 도청뿐만 아니라 공격자가 내용을 수정하여 B에게 보낼 수 있습니다. 보낸 내용과 받은 내용이 변해있어도 송수신자인 A, B 모두 눈치를 챌 수 없습니다.

그림 5-29 중간자 공격

그림 5-30 SSL인증서의 종류

종별	DV	OV	EV
심사	도메인 소유만	운영자의 실재성을 확인	운영자의 실재성 확인을 엄격하게 실시
가격	저렴하다	← →	비싸다
개인에 의한 취득	○	×	×
주소표시 줄에 조직 이름 표시	×	×	○
자주 사용하는 사이트	개인 사이트 등	기업 사이트 등	금융 기관 등

* 암호화의 강도에는 모두 차이가 없으며, 일반적인 이용자에게 있어서 DV와 OV의 외형은 변하지 않는다

그림 5-31 EV SSL 인증서의 표시 차이

EV SSL 인증서의 경우

EV SSL 인증서 이외의 경우

Point

✔ 공개키 암호를 사용하면 통신 경로를 암호화할 수 있지만, 중간자 공격에 의해 제3자가 데이터를 읽어내는 것이 가능하게 된다.

✔ 중간자 공격 방지는 인증서 확인이 유효한 수단이며, EV SSL 인증서를 사용하여 주소 표시줄의 모양을 바꾸는 것은 효과적인 대책이다.

해봅시다

파일이 손상되지 않았는지 확인합시다

파일을 다운로드하는 경우, 다운로드 파일과 함께 파일의 해시 값이 공개되는 경우가 있습니다. 다. 다운로드한 파일의 해시 값을 계산하고 공개된 해시 값과 비교하여 대상 파일이 올바른 내용임을 확인할 수 있습니다.

예를 들어, Windows인 경우 명령어 프롬프트에서 "certutil"이라는 명령어를 다음과 같이 실행합니다.

Chapter

6

조직적인
대응

환경 변화에 대응하기

6-1

정보보안 정책, 개인정보 처리방침

조직의 방침을 결정한다

정보보안 관련 방침

정보보안에 관련된 조직의 기본 개념을 나타내고 있는 것이 **정보보안 정책**입니다. 일반적으로 **기본방침**, **대책기준**, **실시단계**로 구성되어 있습니다(**그림 6-1**). 일부 중소기업에는 마련되어 있지 않은 경우가 있는데, 이것이 없으면 정보보안 대책이 일관되지 않아 적절한 관리를 할 수 없습니다. 조직원 모두가 대책을 정확하게 수행하기 위해서는 공통의 규칙을 "문서로 정하는" 것이 필요합니다.

내용은 조직에 따라 당연히 다릅니다. 취급하는 정보 및 제품의 환경에 따라 예상되는 위험이 다르며, 모든 위험에 대책을 수립하려 한다면 비용과 시간이 엄청나게 많이 들게 됩니다. 그래서 조직이 갖고 있는 특징에 맞는 정보보안 정책을 수립하고 위험이 큰 것부터 중점적으로 대책을 실시하게 됩니다.

정보보안 정책은 한번 책정되었다고 끝나는 것이 아닙니다. 시대의 흐름에 따라 조직을 둘러싼 환경은 계속 변화하고 있어 새로운 공격 기법이 발견될 수도 있습니다. 이러한 위험의 변화에 대응하기 위해서 정책에 대한 재검토가 필요한 것입니다. 보완을 계속해 감으로써 시대에 맞는 보안 정책을 수립할 수 있습니다.

개인정보 처리방침

조직에서 생각하는 "개인정보 보호에 대한 생각"이 **개인정보 처리방침**이며, 웹 사이트 등에 게재되어 공개됩니다(**그림 6-2**). 기업이 개인정보를 수집할 때 이용 목적과 관리 체계 등을 표시하고 있으며, 이에 따른 정보주체의 동의가 필요합니다. 동일 기업이라도 수집하는 항목에 따라 목적과 사용 범위가 다른 경우도 있습니다.

기업이 개인정보를 취급하는 경우에는 개인정보 보호 정책을 위반하지 않았는지 확인하는 작업이 필요합니다. "이용자 정보의 집계"나 "통계 데이터 작성" 등에서 조항을 위반하는 경우도 있고, 비록 회사에서 수집한 데이터라도 수집목적을 벗어난 이용에는 주의가 필요합니다.

그림 6-1   정보보안 정책의 구성

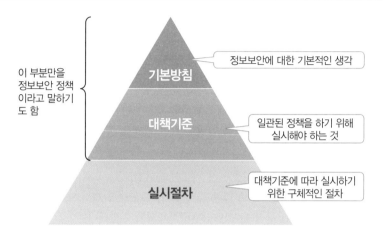

이 부분만을
정보보안 정책
이라고 말하기
도 함

기본방침 — 정보보안에 대한 기본적인 생각

대책기준 — 일관된 정책을 하기 위해 실시해야 하는 것

실시절차 — 대책기준에 따라 실시하기 위한 구체적인 절차

Chapter
6

그림 6-2   개인정보 처리방침 구성의 사례

<개인정보 처리방침 기재사항>

필수적 기재사항	임의적 기재사항

1. 개인정보의 처리 목적
2. 개인정보의 처리 및 보유 기간
3. 개인정보의 제3자 제공에 관한 사항
   (해당되는 경우에만 정함)
4. 개인정보처리의 위탁에 관한 사항
   (해당되는 경우에만 정함)
5. 정보주체와 법정대리인의 권리·의무 및 그 행사방법
에 관한 사항
6. 처리하는 개인정보의 항목
7. 개인정보의 파기에 관한 사항
8. 개인정보 보호책임자에 관한 사항
9. 개인정보 처리방침의 변경에 관한 사항
10. 개인정보의 안전성 확보조치에 관한 사항
11. 개인정보 자동 수집 장치의 설치·운영 및
그 거부에 관한 사항
	1. 정보주체의 권익침해에 대한 구제방법
	2. 개인정보의 열람청구를 접수·처리하는 부서
	3. 영상정보처리기기 운영·관리에 관한 사항
	   (개인정보 보호법 제25조제7항에 따른 '영상
	   정보처리기기 운영·관리방침'를 개인정보처리
	   방침에 포함하여 정하는 경우)

※ **필수적 기재사항**이란 개인정보 보호법 제30조, 시행령 제31조, 표준 개인정보 보호지침
제37조에 따라 「개인정보 처리방침」에 반드시 모두 포함해야 하는 사항임
※ **임의적 기재사항**이란 「개인정보 처리방침」에 포함시킬지 여부를 공공기관 스스로가 개인정보
처리현황을 고려하여 자율적으로 정할 수 있는 사항임

Point

✔ 모든 직원들이 공통 인식을 가질 수 있도록 보안 정책을 결정하고 세상의 변화에 맞게 변
경할 필요가 있다.

✔ 개인정보를 취급하는 경우는 조직의 개인정보 처리방침을 확인하여 정해져 있는 범위 내
에서 취급해야 한다.

보안 관련 개선활동

정보보안의 국제표준

정보 유출 사건이 자주 발생하고 있는 가운데, 정보보안에 대한 필요성은 더욱 높아지고 있습니다. 그러나 각 조직들이 임의로 보안 정책을 설정하고 운용하여도 그 수준이 통일되어 있지 않으면 의미가 없습니다.

따라서 조직 차원에서 정보를 보호하기 위해서 해야만 하는 노력이나 갖춰야 하는 구조 및 관련 기준을 국제 규격으로 정한 것이 ISO/IEC 27000 시리즈입니다(그림 6-3). 일본에서는 JIS Q 27000 시리즈로 번역되어 사용되고 있습니다.

이러한 규격으로 정해져 있는 기준을 충족하고 있는지 여부를 인증하는 방법에는 ISMS가 있습니다. ISMS는 Information Security Management System(**정보보호관리체계**)를 의미하며 운용체제를 인증기관의 심사를 통해 인정받게 되면 획득할 수 있습니다(그림 6-4).

ISMS와 유사한 위치를 차지하고 있는 것으로 품질보증 관련 ISO 9000 시리즈와 환경보호 관련 ISO 14000 시리즈 등이 있습니다. 이러한 것들은 조직의 운용체제를 어필하기 위한 목적으로도 이용되고 있습니다.

PDCA 사이클을 통해 지속적으로 개선

ISMS는 정보보안을 효과적이고 지속적으로 수행하기 위한 규칙(Rule)이 정해져 있는데, 이것을 **요구사항**이라고 부릅니다. 이 요구사항에 따라서 관리방법의 구체적인 절차를 정하고 모든 것을 확실하게 수행해야 합니다.

또한 단순히 대책을 수행할 뿐만 아니라 지속적으로 개선하기 위해 Plan, Do, Check, Act를 반복하는 **PDCA 사이클**을 통해 지속적으로 개선하고 있습니다(그림 6-5).

최신 JIS Q 27001:2014는 "PDCA"라는 표현은 명기되어 있지 않지만, PDCA의 필요성은 이전 JIS Q 27001:2006로부터 계속 이어지고 있습니다.

그림 6-3 ISO/IEC 27000 시리즈 내용(일부)

ISO/IEC 27000	ISMS 개요 및 기본 용어
ISO/IEC 27001	ISMS 요구사항
ISO/IEC 27002	정보보안 관리방안 실천을 위한 규범
ISO/IEC 27003	ISMS 도입 관련 안내
ISO/IEC 27014	정보보안 거버넌스(Governance)

그림 6-4 ISMS 운영체계

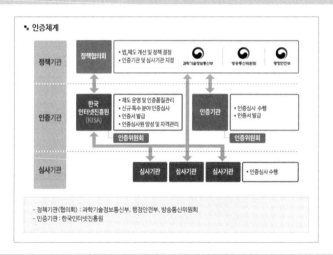

Chapter
6

그림 6-5 PDCA 사이클에 의한 ISMS 개선

Point

✔ 조직으로써 정보보안에 대한 관리가 가능하다는 것을 나타내는 국제표준으로는 ISO/IEC 27000 시리즈가 있고, 그 기준을 충족하는지 여부를 인증하는 방안으로 ISMS가 있다.

✔ 정보보안을 지속적으로 개선하기 위해서 PDCA 사이클을 적용할 필요가 있다.

정보보안 감사제도에 의한 보안 수준의 향상

실무 기준이 되는 "정보보안 관리기준"

정보보안 수준을 향상시키기 위해서는 국제표준을 준수하는 것뿐만 아니라 보안 감사를 실시하는 것도 효과가 있습니다. 감사를 통해 제3자의 시각에서 자기 조직의 관리가 어느 정도 수준을 충족하는지 확인할 수 있습니다(**그림 6-6**).

그러나 감사를 하기 위해서도 기준이 필요합니다. 그래서 '**정보보안 관리기준**'과 '**정보보안 감사기준**'을 수립하였습니다.

'정보보안관리기준'은 관리자가 실무에서 수행하는 실천적인 규범입니다. 조직의 정보자산 보호와 관련하여 우수한 사례들을 모아놓았으며, '**관리기준**'과 '**관리대책기준**'으로 구성되어 있습니다.

'관리기준'은 정보보안을 실시함에 있어서 어떤 점을 주의하여 관리하면 좋은 것인지, 그 실행과 관련된 사항을 정리한 것으로 원칙적으로는 해당하는 모든 것을 실시해야 합니다.

'관리대책기준'은 정보보안 관리를 확립하는 단계에서 어떤 관리대책을 수립하면 좋은 것인지, 그 선택의 기준이 되는 것입니다. 조직의 상황에 맞게 최적의 기준을 검토하게 됩니다.

감사의 기준이 되는 "정보보안 감사기준"

정보보안 감사기준은 감사를 하는 사람이 해야 하는 내용을 정리한 것으로, 정보보안 감사를 수행할 때 사용됩니다. 그 목적은 "감사 업무의 품질을 확보하는 것"과 "효과적이고 효율적으로 감사를 실시하는 것"입니다.

이 기준에 따라 감사를 실시함으로써, 2가지 효과를 기대할 수 있습니다. 즉 적절성을 보장하는 것(**보증형 감사**)과 개선에 도움이 되는 정확한 조언을 주는 것(**조언형 감사**)입니다(**그림 6-7**).

그림 6-6   정보보안 감사의 흐름

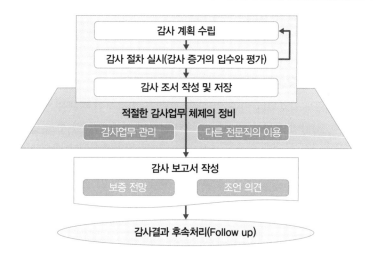

그림 6-7   정보보안 감사 제도의 성숙도 모델

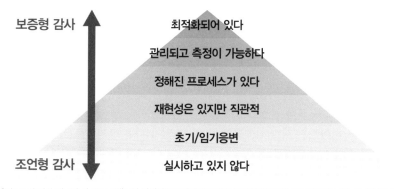

*정보보안 감사 제도의 성숙도 모델(조직 전체적으로 관리 프로세스가 적절하게 정의되어 운영되고 있는지 여부를 측정하기 위해 지표와 척도를 레벨로 구분한 모델)

Point

✔ 조직의 정보보안 성숙도에 따라 관리방법 관련 기준을 선택하고 감사를 실시하고 있다.

✔ 정보보안 감사 기준에 의해 감사 품질의 확보와 효율적인 감사를 할 수 있다.

최후의 보루는 '사람'

정보보안 교육의 필요성과 SNS 시대에 요구되는 대응

정보보안에 대해서 암호화나 인증, 방화벽 설치 등 기술적인 대책을 실시하여도, 그것을 사용하는 사람이 올바른 행동을 취하지 않으면 안전을 지킬 수 없습니다. 대응하는 방법을 몰라서 문제가 발생할 수도 있지만, 단순한 분실이나 중요 사항을 잊고 있거나, 메일을 잘못 보내는 등 휴먼 에러(Human Error)를 줄일 수 있는 대책도 요구되고 있습니다(그림 6-8).

또한 스마트폰의 보급과 SNS의 등장으로 최신 정보를 신속하게 입수할 수 있을 뿐만 아니라, 많은 사람들이 쉽게 정보를 발신할 수도 있게 되었습니다. 이러한 현상은 유용한 반면, 정보의 유출이나 저작권 침해 등의 위험이 증가하고 있다는 사실을 이해하고 있어야 합니다.

그래서 직원들에 대한 **정보보안 교육**은 필수가 되었습니다. 새로운 공격 기법이 속속 등장하고 있으므로 회사에 입사할 때 실시하는 교육뿐만 아니라 정기적으로 정보보안 교육을 실시할 필요가 있습니다.

정보보안 교육의 실시 방법

기업에서 주로 이용하는 정보보안 교육방법은 **e-러닝**과 **집합교육**입니다(그림 6-9).

e-러닝은 PC 등으로 교육 콘텐츠를 제공하는 방식으로 업무 시간에 국한되지 않고 직원 개개인이 비어있는 시간에 교육을 받을 수 있습니다. 온라인으로 테스트를 실시하기 때문에 테스트 결과를 쉽게 관리할 수 있지만, 다른 사람을 사칭한 수강이나, 시험결과를 부정하게 입수할 가능성이 있고, 수강생의 이해도를 제대로 파악할 수 없다는 문제점도 있습니다.

집합교육 형식으로 교육을 하면 수강생들에게 적합한 다양한 교육 방법을 사용할 수 있으며, 출석 상황을 바로 확인할 수 있어 특정인을 사칭한 수강이 어렵습니다. 그러나 업무 중에 전원을 동시에 집합시키는 것은 쉽지 않으며, 강사를 확보해야 하므로 교육 관련 비용이 발생됩니다.

그림 6-8 "사람"이 문제가 되는 보안 위험

사회공학(Social Engineering)

- 엘리베이터에서의 대화, 뒤에서 훔쳐 듣기
- 휴지통에서 정보 유출 등

분실, 도난

- 지하철 선반에 물건을 두었다가 잃어 버리는 등

잘못된 조작

- 메일을 잘못 보냄, 파일의 공유설정을 잘못하는 등

SNS에 게시

- 부적절한 내용물의 게시 등

Chapter
6

그림 6-9 보안교육 실시

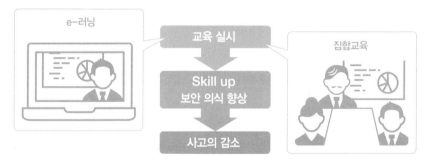

교육을 실시하는 것 뿐만 아니라 교육의 효과를 확인하는 것이 중요

Point

✔ "사람"이 문제가 되는 경우 기술적인 대책으로는 막을 수 없으므로 정보보안 교육을 정기적으로 실시하는 노력이 필요하다.

✔ 정보보안 교육을 실시하는 방법에는 e-러닝과 집합교육 방법이 있으며, 각각의 장점과 단점을 고려해서 실시해야 한다.

인시던트에 대한 초기대응

인시던트에 대응하는 조직 체제

아직까지도 보안은 "비용"이라는 인식이 경영자들에게는 많으며, 보안 담당자 역할은 본연의 업무를 수행하면서 겸임하는 경우가 적지 않았습니다. 본연의 업무를 수행하면서 틈틈이 작업을 하기 때문에 보안 관련 업무는 후 순위로 쳐지는 경우도 있습니다.

그러나 **인시던트**(Incident, 보안 관련 사건)에 의해 기업이 받게 되는 영향이 커지게 되면서, 기업에서도 감시 체제를 강화하고 원인을 분석하여 영향이 미치는 범위를 특정하는 등의 역할을 수행하는 전문 부서를 두게 되었습니다.

컴퓨터 보안 관련 조직으로는 **CSIRT**(Computer Security Incident Response Team)라는 명칭이 자주 사용되고 있습니다. 또한, 로그를 모니터링하고 문제를 발견하는 조직으로 **SOC**(Security Operation Center)가 설치되는 경우도 있습니다.

CSIRT와 SOC의 구성 및 대응 내용

CSIRT는 전담 부서를 둘 필요는 없으며, 각 부서에 포함된 인원으로 구성하는 사례도 흔히 볼 수 있습니다. 자사 내에서 구성할 수 없는 경우는 외부에 위탁하기도 합니다(그림 6-10, 그림 6-11).

CSIRT는 사건이 발생했을 때 신속한 의사결정이 필요합니다. 유사시 신속한 대응을 하려면 사전대책으로 공격 여부를 찾기 위한 준비가 필요하며, 사건이 발생했을 때 신속한 대응을 위한 훈련도 필요합니다. 예를 들어, 정보 유출 사건이 발생했을 때 초기 대응 지연으로 정보공개 타이밍을 잃게 되면 기업이 받게 되는 피해(Damage)는 크게 달라집니다.

이와 같이 **인시던트 관리**는 사건이 발생했을 경우뿐만 아니라 사전대책과 사건이 마무리된 후의 사후대응도 필요합니다(그림 6-12). 조직에서 CSIRT를 구축하는 것은 사내의 정보공유뿐만 아니라 다른 업체와의 정보연계를 원활하게 하는 중요한 역할을 담당하기 때문입니다.

그림 6-10 다양한 분야의 전문가로 구성하는 CSIRT

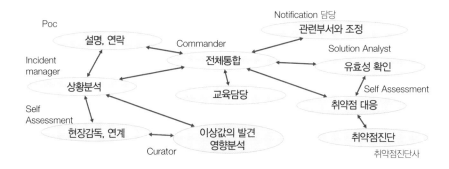

그림 6-11 CSIRT에 의한 다른 부문과의 연계

그림 6-12 CSIRT의 대응 범위

Point

✔ 사건에 대응하기 위해 CSIRT를 구성하는 기업이 늘어나고 있다.

✔ CSIRT는 인시던트의 발생 전/후 수행되어야 하는 업무에 대응이 필요하다.

쇼핑 사이트 등의 신용카드 관리

신용카드 관리의 세계 통일기준

온라인 쇼핑이 일반화되면서 온라인에서 신용카드의 사용은 불가피한 상태가 되었습니다. 한편, 신용카드 정보가 유출되는 피해가 전 세계적으로 발생하고 있습니다.

원래 각 카드 회사가 독자적으로 요구하는 보안 수준이 정해져 있었지만, 하나의 가맹점(쇼핑 사이트 등)에서 여러 카드를 사용할 수 있어야 하는 것이 당연한 시대입니다. 그런데 카드 회사마다 기준이 다르다면 각각의 상이한 모든 기준에 대응하는 것은 힘든 일입니다.

따라서, 가맹점과 서비스 제공 사업자가 신용카드 정보를 안전하게 취급할 수 있도록 하는 보안 관련 기준이 필요합니다.

이러한 기준으로써 세계적으로 통일된 것이 PCI DSS(Payment Card Industry Data Security Standard)이며, 국제적인 카드 브랜드 5개 회사가 공동으로 설립한 PCI SSC(Payment Card Industry Security Standards Council)에 의해 운용·관리되고 있습니다.

PCI DSS의 요구 기준

PCI DSS의 요구 기준은 6개 항목과 12개 요구사항으로 정해져 있습니다(그림 6-13). 가맹점과 서비스 제공 사업자는 이 요구사항에 대한 준수가 필요합니다. PCI DSS을 준수하고 있다는 것을 자기 또는 제3자를 통해 증명될 수 있다면 인증을 받을 수 있습니다(그림 6-14).

연간 결제 건수에 따라 인증 수준이 분류되어 있는데 최상위인 경우에는 인증심사 회사에 의해 년 1회 방문 심사가 필요합니다. 이 외에도 1~3 레벨은 인증 Scanning vendor에 의해 4분기마다 취약점 진단, 년 1회 Penetration Test 등이 요구되고 있습니다.

그림 6-13   PCI DSS의 요구 기준

안전한 네트워크 구축과 유지

요건1: 카드 회원 데이터를 보호하기 위해 방화벽을 설치하고 구성을 유지한다
요건2: 시스템 암호와 기타 보안 Patameter에 Vendor가 제공하는 기본값을 사용하지 않는다

카드 회원 데이터의 보호

요건3: 저장되는 카드 회원 데이터를 보호한다
요건4: 오픈된 공공 네트워크를 통해 카드 회원 데이터를 전송하는 경우 암호화한다

취약점 관리 프로그램의 유지

요건5: 모든 시스템을 악성 코드로부터 보호하고 바이러스 백신 소프트웨어 또는 프로그램을 정기적으로
      업데이트한다
요건6: 안전한 시스템과 어플리케이션을 개발하고 유지 보수한다

강력한 접속 제어 기법의 도입

요건7: 카드 회원 데이터에 대한 접속은 업무상 필요한 범위 내로 제한한다
요건8: 시스템 구성 요소에 대한 접속을 확인 · 허용한다
요건9: 카드 회원 데이터에 대한 물리적 접속을 제한한다

네트워크의 정기적인 모니터링 및 테스트

요건10: 네트워크 리소스 및 카드 회원 데이터에 대한 모든 접속을 추적하고 모니터링한다
요건11: 보안 시스템 및 프로세스를 정기적으로 테스트한다

정보보안 정책의 유지

요건12: 모든 담당자의 정보보안에 대응하는 정책을 유지한다

Chapter
6

그림 6-14   PCI DSS의 심사 · 인증 흐름

Point

✔ 신용카드 정보를 안전하게 취급하기 위해, 쇼핑 사이트 등에서는 PCI DSS를 준수하기 위한 대응이 요구되고 있다.

✔ PCI DSS는 취급 건수에 따라 인증 레벨이 정해져 있다.

재해 대책도 보안의 일부

재해와 사이버 테러에 대비

정보보안의 3요소로 "기밀성" "완전성" "가용성"을 들 수 있는데(1-5 참조), 시스템 문제뿐만 아니라 지진이나 화재 등의 재해로 인해 시스템을 사용할 수 없게 된 경우도 가용성이 확보되지 않은 상태라고 할 수 있습니다. 경우에 따라서는 사이버 테러 등의 피해를 당할 가능성도 있는데, 이렇게 기업의 사업 활동이 중지될 수 있는 가능성을 고려하여 예기치 않은 사태가 발생하더라도 최소한의 비즈니스적인 연속성 확보와 신속한 복구를 해야 합니다.

사전 대책이 없다면 대응이 후순위가 될 수 있기 때문에 재해 등이 발생하기 이전 단계에서 계획을 세워 두어야 합니다. 이러한 계획을 BCP(Business Continuity Plan: 비즈니스 연속성 계획)라고 합니다(그림 6-15, 그림 6-16).

또한 계획뿐만 아니라 지속적으로 개선해 가는 관리 시스템을 구축해야 할 필요도 있습니다. 이것은 BCM(Business Continuity Management: 비즈니스 연속성 관리)이라고 부르고 있습니다.

사업에 미치는 영향을 명확하게 생각하는 "BIA"

BCP를 고려할 때, 예상하는 재해의 규모에 따라 대책은 크게 달라질 수 있습니다. 그래서 업무가 중단되었을 때의 영향과 위험을 정량적 · 정성적으로 평가하여 BCP를 수립합니다. 이를 BIA(Business Impact Analysis: 사업 영향 분석)라고 합니다.

사업을 계속 수행함에 있어 어떤 업무에 위험이 있는지, 업무가 중지되면 어느 정도의 피해가 있는지, 시스템이 정지하게 되면 어느 정도 기간이 지난 후에 복구되어야 하는지 등을 분석합니다.

또한 비즈니스를 둘러싼 환경은 점점 변해가기 때문에, BCP를 운용하고 개선하는 것과 동시에 BIA도 계속 갱신을 통하여 새로운 위험과 대책을 검토해야 합니다(그림 6-17).

그림 6-15   BCP 범위

| 평상시 | 재해 발생 | 초기 대응 | 업무 재개 |

사전 대책   대책본부 설치   복구

BCP

그림 6-16   사전 대책의 예

히트	모노	돈	정보
● 안부 확인 규칙의 정비 ● 대안의 확보	● 설비의 고정 ● 대체 방법의 확보	● 긴급 시에 필요한 자금 파악 ● 현금·예금의 준비	● 중요한 데이터의 적절한 보관 ● 정보 수집·발신 수단의 확보

그림 6-17   BCP 운영 흐름

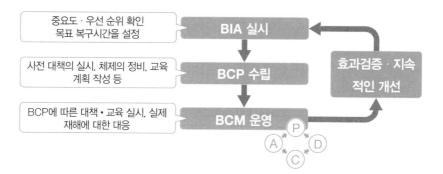

중요도·우선 순위 확인
목표 복구시간을 설정 → **BIA 실시**

사전 대책의 실시, 체제의 정비, 교육
계획 작성 등 → **BCP 수립**

BCP에 따른 대책·교육 실시, 실제
재해에 대한 대응 → **BCM 운영**

**효과검증·지속
적인 개선**

P
A   D
C

Point

✔ 재해나 사이버 테러에 신속하게 대응하기 위해서는 사전 준비가 필요하며, 무엇을 위해 BCP를 수립할 것인가를 생각하고 계획을 세워야 한다.

✔ BCP나 BCM, BIA는 한 번 실시하고 끝나는 것이 아니라, 환경의 변화와 사업 상황에 맞게 검토하고 개선해 나가야 한다.

위험에 대한 적절한 대응이란

올바른 위험 대응은 적절한 위험 평가로부터

정보 자산을 보호하기 위해서는 관리대상 하나하나에 대해서 어떤 위험이 있는지 생각하지 않으면 안 됩니다. 각 정보 자산에 대한 위험의 유무, 피해가 발생했을 때의 영향도, 발생하는 빈도, 복구에 걸리는 시간 등을 확실하게 확인하여 위험을 평가합니다.

이처럼 위험을 파악·분석하고 평가하는 전체 프로세스를 **위험 평가**(Risk Assessment)라고 부르고 있습니다. 또한, "위험 평가로부터 위험 대응까지"를 총칭하여 **위험 관리**(Risk Management)라고 합니다(그림 6-18).

위험 대응의 4종류

위험을 분석하고 평가한 후 해당하는 위험에 어떻게 대응할 것인지 생각해야 합니다. 일반적으로 위험 대응은 **위험 회피, 위험 감소, 위험 이전, 위험 보유**의 4가지로 나눌 수 있습니다(그림 6-19).

위험 회피는 위험 그 자체를 없애는 것입니다. 어떤 소프트웨어를 사용할 때 위험이 있는 경우에는 해당 소프트웨어를 사용하지 않는 것입니다. 서류를 분실할 위험이 있는 경우에는 서류를 보관하고 나가지 않는 방법을 검토합니다.

위험 감소는 위험의 발생 확률과 피해를 감소시키는 것입니다. 예를 들어, 바이러스 백신 소프트웨어 도입 또는 소프트웨어 업데이트 등이 대책이 됩니다.

위험 이전은 위험을 다른 회사와 나누거나 대체 수단을 획득하는 것입니다. 아웃소싱을 통해 업무를 외부 사업자에게 위탁하고, 위험이 현실화되면 보험으로 대응하는 등 대책이 있습니다.

위험 보유는 위험 방지를 하지 않거나 위험을 받아들이는 것입니다. 영향이 그다지 크지 않은 위험인 경우에는 대응 비용을 생각해서 대응을 하지 않는 것도 하나의 방법입니다.

그림 6-18 위험 관리와 위험 평가

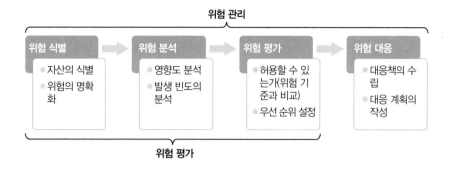

그림 6-19 위험 대응의 종류

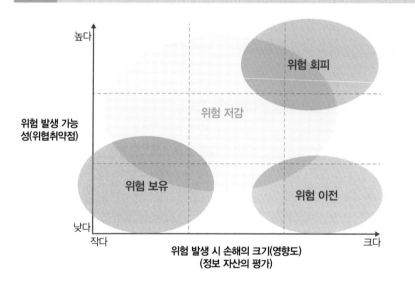

Point

✔ 위험 평가부터 위험 대응까지를 포함한 활동을 위험 관리라고 부른다.

✔ 위험 대응은 크게 4개로 구분되며, 그 발생 가능성과 손해의 크기에 따라 대책을 검토한다.

부적절한 콘텐츠로부터 보호

기업에도 도입이 확산되는 "URL 필터링"

인터넷에는 공공의 질서와 선량한 풍속에 반하는 사이트 및 방문한 것만으로 악성 코드에 감염되는 사이트가 있습니다. 이러한 사이트에 의도치 않게 접속하게 되는 이용자를 보호해야 합니다.

미성년자 등이 악질적인 사이트에 접속할 수 없도록 하는 기술의 하나로 URL **필터링**이 있습니다. 접속하고자 하는 URL이 유해한 URL 목록에 포함되어 있는지 판단하는 기법이 일반적입니다(그림 6-20).

최근에는 기업에서도 직원의 생산성 향상(업무와 관련 없는 사이트에 접속하지 않는다)을 위해, 게시판의 게시물을 통한 정보 유출로부터 조직을 보호하기 위해 도입이 증가하고 있습니다.

페이지 내용으로부터 접속 가능 여부를 판단한다

URL 필터링에서 허용하는 URL을 하나 하나 관리하는 것은 힘든 일입니다. 그래서 표시하려고 하는 콘텐츠 내용을 감시하여 유해 정보 여부를 판단하는 **콘텐츠 필터링**이 있습니다.

부적절한 키워드가 포함된 페이지 등 그 내용에 문제가 있는 경우에 접속을 거부하거나(그림 6-21) 직장 · 학교 등에서 사적으로 네트워크를 이용하면 통신을 차단하는 방법이 사용됩니다.

다만, 청소년 보호 목적이라면 필터링이라고 생각되지만, 공급자가 수행하게 되면 "인터넷 검열"에 해당될 가능성이 있습니다(그림 6-22).

예를 들면, 헌법에는 "검열을 하면 안 된다. 통신의 비밀이 침해받아서는 안 된다"라고 되어 있습니다. 또한 전기통신사업법에 "전기통신 사업자가 취급 중에 관련된 통신은 검열되어서는 안 된다", "전기통신 사업자의 취급 중에 관련된 통신의 비밀이 침해되어서는 안 된다"라고 규정되어 있습니다.

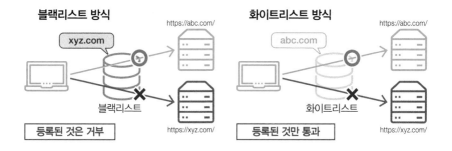

그림 6-20 URL 필터링 방식

블랙리스트 방식

xyz.com

블랙리스트

등록된 것은 거부

https://abc.com/

https://xyz.com/

화이트리스트 방식

abc.com

화이트리스트

등록된 것만 통과

https://abc.com/

https://xyz.com/

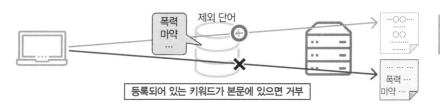

그림 6-21 콘텐츠 필터링

폭력
마약
...

제외 단어

등록되어 있는 키워드가 본문에 있으면 거부

···○○···
○○
·······

··· ···
폭력 ···
마약 ···

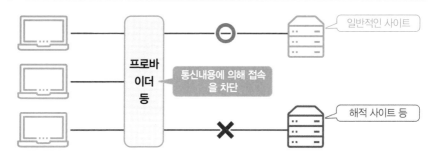

그림 6-22 검열에 의한 접속 차단

프로바
이더
등

통신내용에 의해 접속
을 차단

일반적인 사이트

해적 사이트 등

Point

✔ 유해한 사이트로부터 사용자를 보호하는 방법으로 URL 필터링과 콘텐츠 필터링이 있다.

✔ 공급자 등 통신 사업자가 마음대로 검열하는 것은 헌법과 기타 법률에서 금지되어 있다.

문제의 원인을 규명하는 단서는 기록

정확성이 요구되는 로그 관리

어떤 문제가 발생했을 때 그 원인을 규명하기 위해서는 기록이 필요합니다. "언제" "어디서" "누가" "무엇을" 수행했는지 모른다면 상황이 파악되지 않으며 동일한 문제가 재발할 수도 있습니다.

이것은 공격이 이루어지는 경우에도 동일합니다. 공격자가 노리고 있는 취약점을 파악하고 근본적으로 해결하지 않으면 동일한 수법으로 공격을 받게 되어 피해가 발생하게 됩니다.

피해가 발생해서 조사할 때는 저장되어 있는 **로그**를 분석하게 됩니다(그림 6-23, 그림 6-24). 그러나 증거로 사용되기 위해서는 로그의 정확성이 중요합니다. 또한 문제가 발생하지 않아도 로그를 정기적으로 확인하는 것이 필요합니다.

모니터링의 주의점

이미 로그를 모니터링하고 있는 기업은 적지 않습니다. 그러나 실제로는 "뭔가 사건이 일어났기 때문에" 로그를 보고 그 원인을 파악하는 경향이 있습니다. 실시간으로 공격의 발생 여부를 파악하려면 평상 시의 상태를 파악하는 것이 필요합니다. 그러면 보통 때와 다른 움직임이 있으면 비정상이므로 눈치챌 수 있습니다.

그러나 여러 시스템의 로그를 함께 분석할 수 없다면 공격을 발견할 때까지 시간이 걸리고, 원인을 파악하기도 어렵습니다. 실제로는 각 시스템마다 개별적으로 로그가 만들어지거나 로그 형식이 통일되어 있지 않는 문제가 있어 로그를 통합하는 제품이 많이 등장하고 있습니다.

예를 들어, 로그를 시간에 따라 늘어놓는 것만으로 공격의 흐름을 쉽게 알 수 있을지도 모릅니다. 평소와 다른 행동에 주의하면 주목하고 감시하는 것이 가능합니다. 이처럼 실시간으로 진행되는 것이 중요하며, 발생하고 있는 공격을 실시간으로 탐지할 수 있다면 그 시점에 공격에 대처할 수 있습니다.

그림 6-23 다양한 곳에서 기록되고 있는 로그

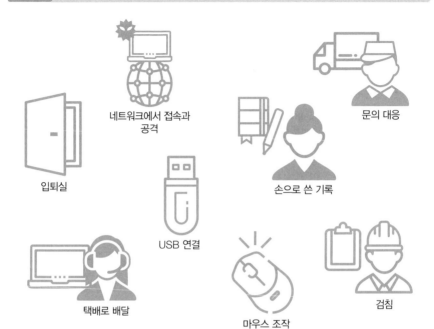

네트워크에서 접속과
공격

문의 대응

입퇴실

손으로 쓴 기록

USB 연결

택배로 배달

마우스 조작

검침

그림 6-24 로그의 효과

부정 방지	전조 감지	사후 조사
로그를 보고 있다는 것을 의식하면 부정행위를 주저하기 때문에 내부 범행을 억제할 수 있다	평상시 로그를 확인하다 보면 이상시의 전조를 발견할 수 있다	로그 분석을 통해 정확하고 빠른 대처와 복구가 가능해 진다

Point

✔ 로그는 쌓아두는 것만으로는 의미가 없으며, 올바르게 보존되어 있는지 여부와 정기적인 확인을 통해 전조를 알아내는 것이 중요하다.

✔ 로그를 보고 있는 것은 부정을 저지르려는 사람들을 억제하는 효과가 있다.

증거를 보전한다

증거가 되는 기록을 남기는 것의 중요성

로그를 사용하면 공격의 흔적을 남길 수 있지만, 그 로그에 대한 신뢰성이 요구되는 경우가 있습니다. 만약 로그의 신뢰성이 유지되지 않는다면 재판에서 증거로 사용할 수 없습니다.

예를 들어, 회사 내부 컴퓨터에 부정하게 접속된 경우 해당 로그를 조사합니다. 로그가 발견되어도, 그 로그를 회사 내부 사람이 임의로 고쳤을 가능성이 있다면 신뢰할 수 없습니다.

그래서 컴퓨터 관련 범죄나 법적 분쟁이 생겼을 때 기기에 남아 있는 로그뿐만 아니라 저장되어있는 데이터 등을 수집 · 분석하고 원인을 규명합니다. 이것을 **포렌식** (Forensic)이라고 합니다(**그림 6-25, 그림 6-26**). 컴퓨터 및 디지털 데이터를 처리하므로 **컴퓨터 포렌식**(Computer Forensic) 또는 **디지털 포렌식**(Digital Forensic)이라고 부르고 있습니다.

분석한 결과는 법적 증거로 인정되는 경우도 있으며 범죄 수사에 사용되고 있습니다. 컴퓨터 포렌식에 도움을 주는 전용 도구도 등장하고 있는데, 증거 능력을 보유한 분석 보고서를 만들 수 있습니다.

포렌식 관련 주의점

컴퓨터는 부팅되는 것만으로 일부 데이터가 갱신되어 버립니다. 이 때문에 포렌식할 때 해당 컴퓨터에서 작업하는 것은 일절 금지되어 있습니다(데이터 분석에는 특수 장비를 사용하여 저장 장치를 복제한 저장장치 사본을 사용합니다).

또한 시간이 지나면 로그를 삭제할 가능성이 높아질 뿐만 아니라 다른 증거를 수집하는 것도 어렵게 됩니다(**그림 6-27**). 공격이나 의심스러운 활동에 주의를 기울이는 경우에는 가능하다면 신속한 대응이 요구되고 있습니다.

기업에서는 퇴직자 컴퓨터를 초기 상태로 만들어 다른 사람이 사용하도록 하기도 하지만, 데이터가 삭제되어 버리면 조사할 수 없기 때문에, 퇴사자가 주요 인물인 경우에는 **증거 보전**을 검토합니다.

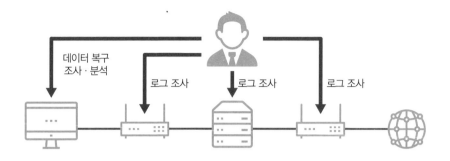

그림 6-25 포렌식의 대상

데이터 복구
조사 · 분석

로그 조사   로그 조사   로그 조사

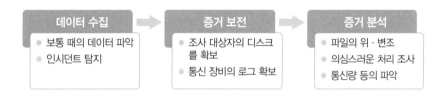

그림 6-26 포렌식의 흐름

데이터 수집	증거 보전	증거 분석
● 보통 때의 데이터 파악 ● 인시던트 탐지	● 조사 대상자의 디스크를 확보 ● 통신 장비의 로그 확보	● 파일의 위 · 변조 ● 의심스러운 처리 조사 ● 통신량 등의 파악

Chapter
6

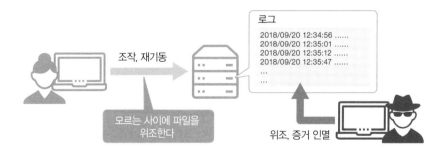

그림 6-27 데이터가 위조되어 버리는 위험성

조작, 재기동

로그
2018/09/20 12:34:56 ......
2018/09/20 12:35:01 ......
2018/09/20 12:35:12 ......
2018/09/20 12:35:47 ......
...
...

모르는 사이에 파일을
위조한다

위조, 증거 인멸

Point

✔ 컴퓨터에 저장되어 있는 데이터와 로그가 법적인 증거로 인정되기 위해서는 포렌식이 필요하다.

✔ 컴퓨터가 부팅되면 데이터가 다시 기록되기 때문에 최대한 신속한 증거의 보존이 요구된다.

모바일 기기 관리

모바일 기기를 일괄적으로 관리하는 "MDM"

스마트폰이나 태블릿 PC는 컴퓨터와 같은 기능을 제공합니다. 고속 네트워크가 보급되어 출장지에서도 고객 정보 및 상품 정보 등에 접근할 수 있는 환경이 갖추어졌습니다.

하지만 편리한 반면, 분실이나 도난 등으로 인한 위험이 어느 때보다 높아지고 있다고 말할 수 있습니다. 모바일 기기의 보안을 생각할 때 MDM(Mobile Device Management)이라는 단어가 자주 사용되고 있습니다. MDM 도구에서는 단말기 정보의 백업이나 복구, 분실 시 원격 잠금이나 초기화, 어플리케이션 배포 및 갱신, 위치 정보의 취득이나 가동 이력의 표시 등을 중앙에서 관리할 수 있는 기능을 제공합니다(그림 6-28).

종업원의 단말기를 사용하는 "BYOD"

기업이 제공한 단말기 이외에 직원이 개인적으로 보유하고 있는 스마트폰이나 태블릿 PC 등 모바일 기기를 업무에 사용하는 것을 BYOD(Bring Your Own Device)라고 합니다(그림 6-29).

지금까지는 업무에 사용하는 것뿐만 아니라 사내에 반입하는 것 자체를 금지했던 기업도 적지 않았습니다. 그러나 전화와 메일, 스케줄 관리 등 개인 모바일 기기를 사용하는 것이 효율적이라고 생각하게 되었습니다.

기업은 단말기 구입 비용이 절감되고 개인에게도 여러 단말기를 가지고 다닐 필요가 없으며 익숙한 단말기를 사용할 수 있는 장점이 있습니다. 한편, 개인이 반입한 단말기에 기밀 정보가 저장되면 정보 유출의 위험이 높아집니다.

그래서 도난이나 분실, 기밀 정보의 인위적인 반출, 소프트웨어 갱신 누락, 바이러스 감염 등 위험을 제대로 이해한 후 관리하는 것이 요구되고 있습니다.

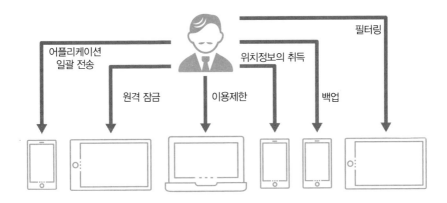

그림 6-28 MDM 이미지

필터링
어플리케이션
일괄 전송
위치정보의 취득
원격 잠금
이용제한
백업

Chapter
6

그림 6-29 BYOD

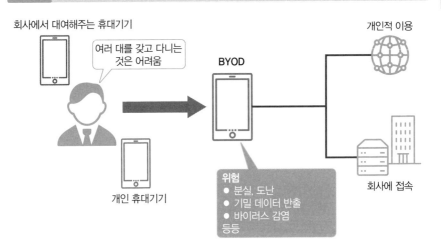

회사에서 대여해주는 휴대기기
개인적 이용

여러 대를 갖고 다니는
것은 어려움

BYOD

개인 휴대기기

회사에 접속

위험
● 분실, 도난
● 기밀 데이터 반출
● 바이러스 감염
등등

Point

✔ 직원들에게 배포한 모바일 단말기를 중앙에서 관리하기 위해 MDM 도구가 사용되고 있다.

✔ BYOD는 직원이 여러 대의 단말기를 가지고 다닐 필요가 없고 기업의 단말기 구입 비용을 절감하는 장점이 있지만, 보안 측면에서 위험도 적지 않다.

6-13
섀도우 IT

정보 시스템 부서가 파악할 수 없는 IT

임의로 클라우드를 이용하는 것은 위험

조직이 어느 정도 규모가 되면 IT에 관한 업무는 "정보 시스템 관련" 부서가 담당합니다. 사내에서 사용하는 시스템의 설계와 구축뿐만 아니라 네트워크 관리 및 운영도 합니다.

그러나 최근에는 편리한 클라우드 서비스가 속속 등장하고 있어 IT 부서와 관계없이 이용할 수 있게 되었습니다. 예를 들어, 파일 공유 서비스나 온라인 메일 서비스, 작업관리 및 일정관리 도구도 쉽게 사용할 수 있습니다.

이것은 편리한 반면, 보안을 감안할 때는 바람직하지 않습니다. 기밀정보나 개인정보가 클라우드에 저장되어 공유되는 경우, 정보 유출로 이어질 가능성이 있습니다.

이처럼 조직이 관리하고 있는 시스템 이외의 서비스를 직원이 임의로 이용하는 것을 **섀도우 IT**라고 합니다(그림 6-30). 이를 방지하기 위해서는 규칙을 정하는 것뿐만 아니라 편안하게 업무를 할 수 있는 환경을 사내에 준비하는 것도 필요할 것입니다.

관할 부서의 차이에도 주의

클라우드 서비스 이외에도 정보 시스템 부서가 모르는 IT 기기가 이용되는 경우가 있습니다.

예를 들어, 문서를 인쇄할 때 사용하는 복합기기는 많은 부서에 설치되어 있습니다. 이러한 장치는 총무 부서가 관리하는 경우가 많아 정보시스템 부서가 모르는 사이에 구매될 수 있습니다. 그렇게 되면 초기 패스워드가 변경되지 않고, 핫픽스(Hotfix)도 적용되어 있지 않으며, 네트워크 설정이 적절하지 않는 등의 문제가 발생합니다.

3-10에서 설명했듯이 최근에는 라우터와 네트워크 카메라 IoT 기기를 포함해서 이와 같이 부적절하게 관리되고 있는 기기를 겨냥한 공격이 증가하고 있으며, 보안상의 위험으로 부상하고 있습니다(그림 6-31).

그림 6-30 셰도우 IT의 위험

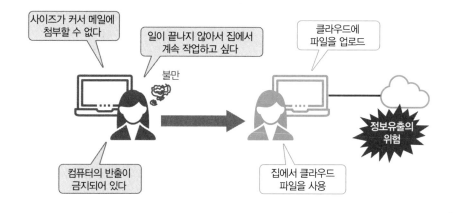

그림 6-31 인터넷에 연결되는 기기의 증가와 관리체제

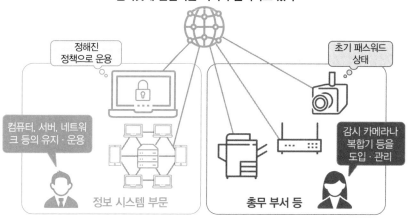

Point

✔ 직원이 임의로 사용하는 클라우드 서비스 등을 셰도우 IT라고 하는데, 편리하지만 정보유출의 위험이 존재한다.

✔ 적절한 관리자에 의해 운용되고 있지 않은 기기는 설정이 적합하게 되어있지 않은 경우가 있기 때문에 주의가 필요하다.

정보 유출을 막기 위한 기업의 방침

단말기에 정보를 남기지 않는다

분실이나 도난으로부터 데이터 유출을 방지하기 위해 통신 데이터를 암호화하거나 외부 기기 사용을 금지하는 조치를 취하는 기업이 늘고 있습니다. 한편, 애초에 데이터를 단말기기에 남기지 않기 위해 **씬 클라이언트**(Thin Client)라는 단말기를 사용하는 경우도 있습니다.

이 방법은 이용자가 사용하는 단말기는 최소한의 기능만을 갖추고 있고 준비된 서버에 연결하여 사용합니다. 화면으로 표시되어야 하는 내용만 서버가 전송하고 키보드와 마우스 입력 값만 서버로 전송하는 구조입니다.

이 구조를 구현하는 방법은 몇 가지가 있으며, 서버에서 이용자마다 전용 하드웨어를 할당하는 방법이나 서버 어플리케이션을 공유하는 방법, 가상 PC(Virtual PC) 방법이 많이 이용되고 있습니다(그림 6-32).

데이터를 보호하는 개념을 바꾼 "DLP"

씬 클라이언트는 단말기 분실이나 도난에 효과적인 방법이지만 도입을 위해서는 서버 구축과 네트워크의 안정적 가동, 이용자의 의식 향상 등 조직의 전체적인 IT 기술이 요구됩니다.

또한 지켜야 할 정보에 대한 접근 권한을 부여하는 방법으로는 정식 이용자의 고의적인 정보 유출을 막을 수 없습니다.

그래서 근본적 생각을 바꿔서 지켜야 하는 중요 정보를 정하고 그것을 보호하기 위해 모니터링 하는 기술이 **DLP**(Data Loss Prevention)입니다.

DLP는 사전에 파일이나 데이터베이스, 네트워크상의 데이터 등을 조사하고 지켜야할 정보를 정해야 합니다. 그 후 누군가 그 정보를 외부에 보내려고 하거나 USB 메모리에 복사하는 등의 행동을 감시합니다. 설정한 정책에 위배되는 행동이 발견되면 해당 행동을 멈추게 하여 정보 유출을 방지합니다(그림 6-33).

그림 6-32 씬 클라이언트 방식

Network Booting 방식

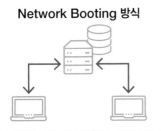

Blade PC 방식

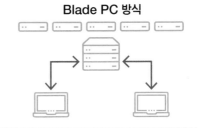

Server Base 방식

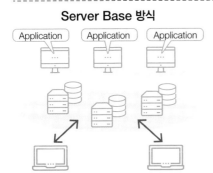

VDI(Virtual Desktop Infrastructure) 방식

그림 6-33 DLP 예시

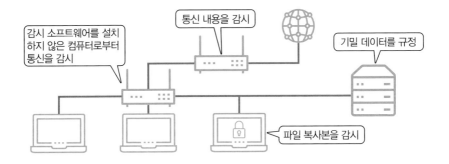

Point

✔ 컴퓨터에 데이터를 남기지 않기 위해 씬 클라이언트를 도입하는 기업이 늘고 있다.

✔ 지켜야 할 정보에 주목하는 방법으로 DLP가 있다.

물리적인 보안

잠금 및 출입 체크로 '사람'을 관리

정보 유출의 원인으로 인터넷으로부터 부정한 접속과 사이버 공격을 생각할 수 있지만 실제로는 도난이나 분실, 반출 등이 차지하는 비율이 높습니다.

회사에 물리적인 침입으로 인해 도난 및 다른 부서의 정보 유출 등을 방지하기 위해 **잠금 장치 관리**가 중요합니다. 즉, 출입문은 항상 잠금 상태로 하고 캐비닛이나 서랍 등도 자물쇠를 채웁니다.

요즘은 사원증이 ID 카드로 되어 있어 허가된 사람만 들어갈 수 있는 출입구도 많이 설치되어 있습니다. ID 카드 사원증을 통해 누가 언제 출입했는지 기록을 남길 수 있으며, **출입 관리**에도 사용할 수 있습니다(**그림 6-34**). 이렇게 "사람"에 대한 관리의 중요성이 높아지고 있습니다.

중요도가 높은 정보가 관리되고 있는 장소에 감시 카메라를 설치하는 것도 효과적입니다.

책상 및 화면에서 발생하는 정보 유출 대책

사무실에서 일하면서 회의 등으로 자리를 비우는 경우 책상 위에 서류를 놓아둔다면 도난을 당하거나 다른 사람이 내용을 볼 수 있게 되는 위험이 있습니다.

그래서 불특정 다수의 사람이 있는 장소에 서류를 방치하지 않고 잠금 장치가 있는 캐비닛에 보관합니다. 이 같은 방침을 **클리어 데스크**(Clear Desk)라고 합니다.

이것은 컴퓨터 화면에 대해서도 동일하게 적용되어 화면에 표시되는 내용은 누구나 볼 수 있게 되어 버립니다. 경우에 따라서는 임의의 조작으로 ID를 도용해 좋지 않은 조작을 할지도 모릅니다.

화면을 보지 못하도록 하는 것을 **클리어 스크린**(Clear Screen)이라고 부르며, 로그인한 상태로 놔두지 않고, 화면을 잠금 상태로 변경한 후 자리를 비우도록 하는 정책을 의미합니다(**그림 6-35**).

그림 6-34 출입 관리

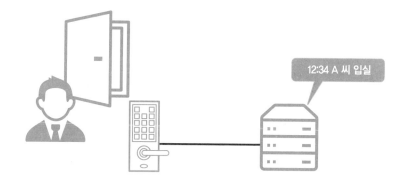

그림 6-35 클리어 데스크와 클리어 스크린

Point

✔ 중요한 정보를 지키기 위해서는 정보 시스템 보호뿐만이 아니라 사무실에서 침입이나 도
  난이 발생하지 않도록 하는 물리적 보안도 중요하다.

✔ 사무실에서 몰래 엿보기, 분실, 도난, 사칭을 방지하기 위해 클리어 데스크와 클리어 스크
  린 대책을 실시한다.

가용성을 확보한다

정전 시 일시적으로 전력을 공급 \\\\\\\\\\\\\\\\\\\\\\\\\\\\\\\\\\\\

컴퓨터 사용 중에 정전이 발생하면 갑자기 전원이 꺼져 버립니다. 종료 처리가 제대로 되지 않으면 다음 부팅 시 오류가 발생할 수 있습니다. 특히 낙뢰 등으로 인한 정전인 경우 하드웨어에 허용치 이상의 부하가 걸리게 되어 고장이 날 가능성이 높아집니다.

그래서 정전 대책으로 많이 사용되는 것이 UPS(Uninterruptible Power Supply, 무정전 전원장치)입니다. UPS를 사용하면 정전으로 전원 공급이 중단되어도 배터리를 통해 전원을 공급할 수 있습니다(그림 6-36). 그 사이에 정해진 순서대로 종료 처리를 함으로써 문제가 발생하는 가능성을 줄일 수 있습니다.

그러나 일반 UPS의 경우에 전원 공급 시간은 길어야 15분 정도입니다. UPS가 전원을 공급하는 동안 올바른 순서로 종료해야 합니다. 그래서 UPS에 연결되어있는 장치를 자동으로 종료해주는 장비가 함께 제공되는 경우도 있습니다.

트러블(Trouble)에 대비하는 백업 준비 \\\\\\\\\\\\\\\\\\\\\\\\\\\\

정전뿐만 아니라 어떤 트러블에 대비한 방안을 미리 준비해 두는 것은 비즈니스에서 매우 중요합니다. 네트워크가 연결되지 않을 때, 서버가 고장났을 때, 디스크가 고장났을 때, 어플리케이션에 문제가 발생했을 때 등 대체 수단이 없다면 업무는 정지하게 됩니다.

백업이 되는 시스템 환경을 준비해 두는 것을 이중화라고 부릅니다. 해당 시스템의 중요도 및 복구시간과 비용의 균형을 고려한 다양한 이중화 방법이 있습니다.

중요도가 높은 시스템은 항상 백업 시스템을 가동하는 Hot Standby(상시 대기 방식)가 사용되지만, 중요도가 낮은 시스템이라면 문제가 발생한 후 Cold Standby(수동 예비 방식)로 충분할지도 모릅니다. 또한 그 중간 형태의 Warm Standby(예열 대기 방식)도 있습니다(그림 6-37).

그림 6-36　UPS의 효과

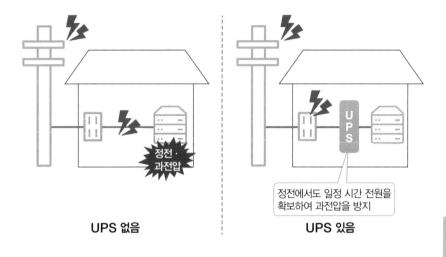

UPS 없음

정전에서도 일정 시간 전원을
확보하여 과전압을 방지

UPS 있음

그림 6-37　이중화 구성의 예

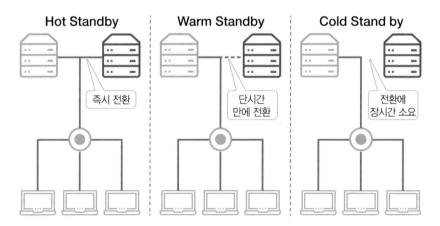

Hot Standby

즉시 전환

Warm Standby

단시간
만에 전환

Cold Stand by

전환에
장시간 소요

Point

✔ 컴퓨터는 정전되면 사용할 수 없기 때문에 전력공급 확보는 가용성 확보에서 필요하다.

✔ 서버 및 데이터베이스, 네트워크 등 중요한 시스템은 이중화를 통해 업무에 미치는 영향을
최소화하는 노력이 필요하다.

6-17 SLA

계약 내용을 확인한다

사업자와 이용자의 합의 사항 "SLA"

클라우드 서비스는 어디서나 접속할 수 있어 편리한 반면, 서비스가 정지되면 필요한 정보에 접속할 수 없게 됩니다.

예를 들어 메일이나 파일 공유 서비스의 경우 접속할 수 없다면 일을 진행할 수 없게 되어버릴 수도 있습니다. 개인적으로 사용하는 경우라면 문제될 것이 없지만 업무적으로 사용하는 경우라면 사전에 품질 수준에 대한 합의가 필요합니다.

이를 위해 사업자는 합의 사항을 서비스 시작 전에 제시하는 것이 필요한데, 이 합의 사항을 SLA(Service Level Agreement)라고 합니다. 여러 서비스를 함께 이용하는 경우는 각 사업자의 책임을 명확히 해야 합니다.

SLA는 보안관리 정책이나 서비스에 대한 정의, 서비스 수준 등을 정하게 됩니다(그림 6-38). 합의 사항이 충족되었는지 여부를 이용자가 정기적으로 확인할 수 있도록 보고서를 제출하는 경우도 있습니다.

이 때문에 SLA에는 가동률(그림 6-39) 뿐만이 아니라 지연시간이나 복구까지 걸린 시간, 백업 유무 등도 기재되어 있으며 기준을 충족하지 못한 경우에 대한 처벌도 규정되어 있는 것이 일반적입니다.

주의가 필요한 SLA 개정

물론 SLA는 상황에 따라 개정하기도 합니다(그림 6-40). 서비스 내용을 개정하는 경우나 새로운 서비스를 제공하는 경우는 물론이고, 정기적으로 감사를 받고 있는 것이나 일정기간 동안의 서비스 수준 등이 문서로 기술되어 있다면 이용자는 안심할 수 있습니다.

서비스 내용을 개정할 경우에는 적용하기 전에 일정 기간을 준비하고 이행작업과 이전 버전과의 병행운용 가능 여부 등 이용자가 받아들일 준비를 할 수 있게 되어 있는지 여부도 확인합니다.

그림 6-38 SLA 개요

서비스 제공자

제공시간
처리성능

응답시간
가용성

공통 인식

SLA

서비스 이용자

업무시간
품질

조작성
안정성

그림 6-39 SLA에 기재하는 가동률의 예(가동률의 차이에 의한 정지 시간)

가동율	년간 정지시간	월간 정지시간	1일 정지시간
99%	3.7일	7.3시간	14.4분
99.9%	8.8시간	43.8분	4분
99.99%	52.6분	4.4분	8.6초
99.999%	5.3분	26.3초	0.9초

Chapter
6

그림 6-40 SLA 개정 프로세스

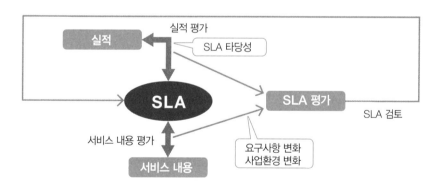

실적 평가

실적

SLA 타당성

SLA

SLA 평가

SLA 검토

서비스 내용 평가

요구사항 변화
사업환경 변화

서비스 내용

Point

✔ 업무를 위해 클라우드 서비스 등을 사용하는 경우 SLA에 의한 계약 내용을 확인하고 합의
할 필요가 있다.

✔ 필요에 따라 SLA는 개정되지만 개정으로 인한 결함이나 문제, 영향이 발생하지 않는지 확
인한다.

해봅시다

자사의 보안 정책과 사용하는 서비스의 개인정보 보호 정책을 살펴보자

많은 기업들이 보안 정책 및 개인정보 보호 정책을 공개하고 있습니다. 이것들을 읽고 비교해 보면 취급하고 있는 정보에 대한 각 기업의 사고방식의 차이를 잘 알 수 있습니다.

서비스를 이용할 때나 회원 가입을 할 때 이용약관뿐만 아니라 해당 회사의 정책을 꼼꼼하게 확인한 후 이용합시다.

- ◆ 예) 영진닷컴의 개인정보 취급방침(일부 발췌)
- ◆ URL : www.youngjin.com/member/personal.asp

Y. 영진닷컴 | **이기적** | **Y.** 쇼핑몰　　　도서정보 | 고객센터 | 회사소개　　**출석이벤트**

개인정보취급방침

YOUNGJIN.COM은 고객님의 **개인정보 보호**를 위해 최선을 다하겠습니다.

1. 수집하는 개인정보 항목

회사는 회원가입, 비회원구매, 상담, 서비스 신청 등등을 위해 아래와 같은 개인정보를 수집하고 있습니다.

① 수집항목 : 이름 , 생년월일 , 성별 , 로그인ID , 비밀번호 , 비밀번호 질문과 답변 , 자택 전화번호 , 자택 주소 , 휴대전화번호 , 이메일 , 쿠키
② 개인정보 수집방법 : 홈페이지(회원가입)

2. 개인정보의 수집 및 이용목적

회사는 수집한 개인정보를 다음의 목적을 위해 활용합니다.

① 서비스 제공에 관한 계약 이행 및 서비스 제공에 따른 요금정산 : 콘텐츠 제공 , 구매 및 요금 결제 , 물품배송 또는 청구지 등 발송
② 회원 관리 : 회원제 서비스 이용에 따른 본인확인 , 고지사항 전달
③ 마케팅 및 광고에 활용 : 이벤트 등 광고성 정보 전달
④ 기타 : 약관변경 등

3. 개인정보의 보유 및 이용기간

회사는 개인정보 수집 및 이용목적이 달성된 후에는 예외 없이 해당 정보를 지체 없이 파기합니다.

4. 개인정보의 파기절차 및 방법

회사는 원칙적으로 개인정보 수집 및 이용목적이 달성된 후에는 해당 정보를 지체없이 파기합니다. 파기절차 및 방법은 다음과 같습니다.

① 파기절차

Chapter 7

보안 관련 법률과 규칙

몰랐다는 것으로는 해결되지 않는다

개인정보 보호법

개인정보와 프라이버시

개인정보 보호에 대한 주장은 오래 전부터 있어왔는데 개인정보에도 여러 가지가 있습니다. 최근에는 특히 프라이버시, 즉 "타인에게 알리고 싶지 않은 개인정보"가 유출되는 것에 대한 불안이 큽니다.

한편, 기업은 소비자가 요구하는 제품을 만들고 싶어합니다. 어떤 연령층의 사람들이 구매하고 있는지, 어떤 취미를 가진 사람의 관심을 얻을 수 있는지 등 소비자의 정보를 파악하면 고객에게 맞는 상품을 제공할 수 있습니다.

기업의 입장에서 보면 개인정보는 중요한 "재산"인 반면, 개인의 입장에서는 임의대로 사용되면 곤란한 정보입니다. 따라서 개인정보를 보호하고 적합하게 취급하기 위해 개인정보 보호법이 마련되었습니다. 한국의 개인정보 보호법은 2011년 3월 29일 제정되어, 2011년 9월 30일 시행된 법률로 "개인정보"라는 용어가 정의되어 있습니다.

개인정보 보호법 개정과 주의점

개인정보 보호법이 시행되어도 개인정보의 범위가 불명확하기 때문에 개인정보의 취급과 관련해 사업자를 중심으로 불만이 고조되고 있었습니다. 그래서 2017년 10월 개정에서 개인정보의 명확화와 함께, 활용 등을 포함한 내용이 개정되었습니다(**그림 7-1, 그림 7-2**).

구체적으로는 개인정보에 대한 정의를 "살아 있는 개인에 관한 정보로서 성명, 주민 등록번호 및 영상 등을 통하여 개인을 알아볼 수 있는 정보"라고 기술하였고, **민감정보**라는 단어가 추가되었습니다. 이것은 사상·신념, 노동조합·정당의 가입·탈퇴, 정치적 견해, 건강, 성생활 등에 관한 정보, 그 밖에 정보주체의 사생활을 현저히 침해할 우려가 있는 개인정보로 대통령령으로 정하는 정보로 특별히 고려하여 취급하도록 정한 것입니다.

또한, 개인정보를 취급하는 경우에는 이용 목적을 가능한 특정하고 이용 목적의 달성에 필요한 범위를 넘어 개인정보를 취급하는 것은 금지하고 있습니다.

그림 7-1 개인정보의 정의

개인정보

일반 개인정보
이름, 생년월일, 주소, 성별

개인식별 번호
주민등록번호, 운전면허 번호, 여권번호, 외국인 등록번호

민감정보
인종, 신념, 사회적 신분, 병력, 범죄력

그림 7-2 개인정보, 개인 데이터, 보유 개인 데이터의 차이

개인 정보
생존하는 특정 개인을 식별할 수 있는 정보, 다른 정보와 쉽게 대조할 수 있고
그 결과 특정 개인이 식별할 수 있는 정보도 포함된다

개인 데이터
특정 개인을 검색할 수 있도록 구성한 것, (개인정보 데이터베이스 등)에 포함되는 개인정보

보유 개인 데이터
개시, 수정, 삭제 등의 권한을 가지며, 6개월을 초과하여 보유되는 것

① 개인 정보

예를 들어 소프트웨어에 입력하여 데이터베이스로 만든 경우

② 개인 데이터

공개 등의 권한을 가지며, 6개월을 초과하여 보유되는 것

③ 보유 개인 데이터

개인정보의 활용

개인정보를 제3자에게 제공하는 경우

개인정보 보호법은 본인의 동의가 없으면 개인 데이터를 제3자에게 제공하는 것을 원칙적으로 금지하고 있습니다. 그러나 일정한 절차를 취한 경우에는 본인의 동의 없이 제3자에게 제공할 수 있는데 이것을 **옵트-아웃**(Opt-out)이라고 합니다. 반대로, 본인의 동의를 사전에 구하는 것을 **옵트-인**(Opt-in)이라고 합니다(그림 7-3).

옵트-아웃으로 제3자에게 제공하려면 본인이 제3자 제공을 정지할 수 있는 환경을 마련해야 합니다. 즉, 제3자에게 개인정보를 제공한 후 본인이 신청함으로써 정지할 수 있어야 합니다.

옵트-아웃을 통해 제3자 제공이 확산되면, 개인정보 보호법의 원칙인 "제3자 제공 금지" 또는 "개인 데이터를 적절히 취급한다"라는 내용을 위반하게 됩니다. 그래서, 옵트-아웃을 통한 제3자 제공에 대해서는 엄격한 요건이 정해져 있습니다. 또한 민감정보는 옵트-아웃으로 제공할 수 없습니다.

개인을 특정할 수 없도록 한 후 정보를 활용한다

기업이 소비자가 원하는 상품을 만들 때 필요한 것은 정확한 개인정보라기보다는 통계 데이터나 익명의 데이터로 충분한 것이 대부분입니다. 따라서 개정된 개인정보 보호법에는 특정 개인을 알아볼 수 없도록 개인정보를 가공하고 복원할 수 없도록 한 것을 **개인정보 비식별 조치**(그림 7-4)라고 정의되어 있습니다.

"개인정보에 포함된 내용의 일부를 삭제" "개인식별 부호를 모두 삭제" 등 가공을 통해 개인을 식별할 수 없게 하는 **K-익명화**(k-anoymity) 기법이 있습니다.

이와 같이 개인정보를 비식별화된 정보로 변환함으로써 활용하기 쉬워질 것으로 전망되고 있습니다.

그림 7-3 옵트-아웃, 옵트-인에 의한 제3자 제공

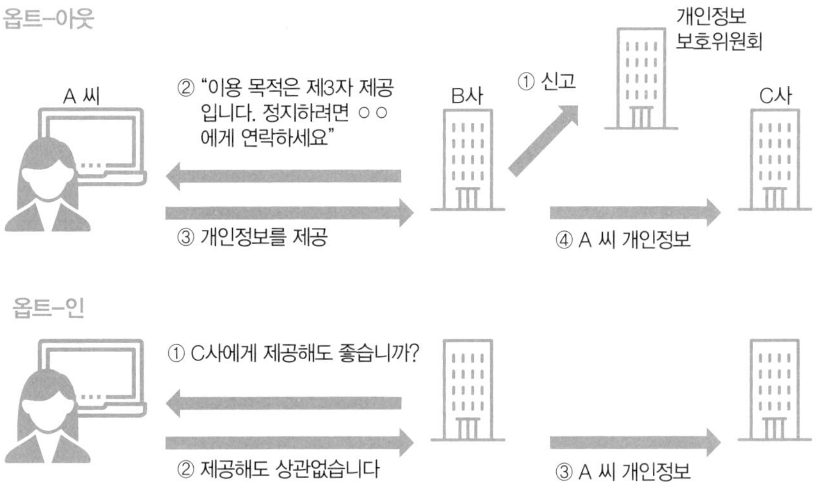

옵트-아웃

② "이용 목적은 제3자 제공입니다. 정지하려면 ○○에게 연락하세요"

A 씨

B사

① 신고

개인정보 보호위원회

C사

③ 개인정보를 제공

④ A 씨 개인정보

옵트-인

① C사에게 제공해도 좋습니까?

② 제공해도 상관없습니다

③ A 씨 개인정보

그림 7-4 익명의 예

이름	나이	주소	구입횟수	나이	주소	구입횟수
홍길동	58	서울시 관악구 AA동 1137	5회	50대	서울시	5회
장태산	62	제주시 서귀포시 XX동 123	3회	60대	제주시	3회
박진호	59	충남 공주시 XX읍 12-5	4회	50대	충남	4회
김영아	71	부산시 사하구 XX동 110	6회	70대	부산시	6회
손응민	54	강원도 원주시 XX동 123	2회	50대	강원도	2회
이준호	52	광주시 금남로 XX동 345	4회	50대	광주시	4회
...	...	...	...	...	...	...

공급자 및 전자메일 관련 규칙

공급자가 책임을 지는 범위

인터넷은 익명으로 이용할 수 있어 편리한 한편, 익명이라는 이유로 범죄에 악용될 수 있습니다. 예를 들면, 게시판 등에 비방하거나 상대방을 비방하는 문구가 게시되거나 저작권을 침해하는 내용이 게재되거나 함으로써 피해가 발생합니다.

이러한 경우, 공급자(Provider)가 임의로 삭제하면 게시자로부터 고소당할 우려가 있습니다. 그렇다고 삭제하지 않고 방치하면, 피해자로부터 고소당할 우려가 있습니다. 이렇게 되면 공급자가 곤란하므로 공급자가 져야 하는 책임을 제한하는 **정보통신망 이용 촉진 및 정보보호 등에 관한 법률**이 있습니다(그림 7-5).

또, 동법에서는, 공급자나 서버 관리자가 발신자 정보를 열어 볼 수 있는 것도 정해져 있습니다. 이에 따라 공급자는 경찰 등의 요구가 있으면 IP 주소 등 정보의 발신지를 열어 봐야 합니다. 익명으로 이용하고 있다고 생각하더라도, 경찰 등이 개인을 특정하는 것이 가능하다는 것을 잊지 말아야 합니다.

"정보통신망 이용 촉진 및 정보보호 등에 관한 법률"의 효과

전자 메일을 사용하여 돈을 들이지 않고 대량으로 메일을 보내는 것이 가능합니다. 무작위로 메일 주소를 생성하여 보낼 수도 있는데, 한편으로 광고 · 선전 메일을 보내버리는 "스팸 메일"이 사회 문제가 되었습니다.

이를 위해 "정보통신망 이용촉진 및 정보보호 등에 관한 법률"이 개정되었습니다. 2016년 개정에서는 광고 · 선전 메일을 발송하려면 원칙적으로 수신자의 사전 승인(Opt-in)이 필요하게 되었습니다(그림 7-6). 또한 광고 · 선전 메일을 보낼 경우 본문에 보낸 사람의 이름과 연락처, 수신거부 방법 등을 기재해야 합니다.

이처럼 법률 관련 대책이 진전되고 스팸 메일 필터 등 기술의 발전이 있었지만, 아직 완전히 없어지지 않는 것이 현실입니다.

그림 7-5 정보통신망 이용 촉진 및 정보보호 등에 관한 법률에 의한 공급자의 면책

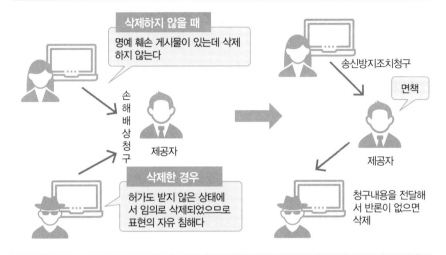

그림 7-6 스팸 메일 방지법의 개정

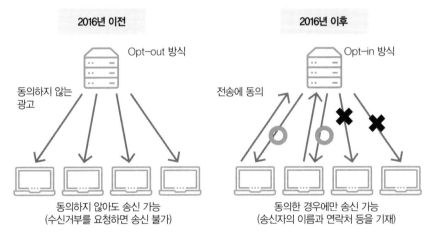

Point

✔ '정보통신망 이용 촉진 및 정보보호 등에 관한 법률' 제 50조 제1항에 따라 공급자가 지는 책임을 제한할 뿐만 아니라, 경찰 등의 요구가 있으면 정보의 발신자를 특정할 수 있다.

✔ 스팸 메일을 막기 위해 정보통신망 이용촉진 및 정보보호 등에 관한 법률에 대한 개정도 이루어졌지만, 완전히 스팸 메일을 없애지는 못하고 있다.

7-4 GDPR

강화된 EU의 개인정보 관리

EU의 개인정보 보호

GDPR(General Data Protection Regulation)은 **일반 데이터 보호 규칙**이라는 뜻으로, EU의 개인정보 보호법에 해당하는 것입니다. EU의 기업만이 영향을 받는 것이 아니라, 위반하면 큰 제재금도 부과되므로 2018년 5월 개정 시에 큰 화제가 되었습니다(**그림 7-7**).

이름은 "일반 데이터"라고 되어있지만 그 내용은 "개인 데이터"에 관한 것입니다. EU의 모든 개인이 각각의 개인 데이터를 통제할 수 있도록 하고 그 보호를 강화하는 것이 목적입니다(**그림 7-8**). 결국 본인의 데이터에 대한 처리 방법과 사용 방법에 관한 권한을 개인이 통제하는 것을 목표로 하고 있습니다.

이 "개인 데이터"에는 본인에 관한 모든 정보가 포함됩니다. 이름, 주소, 메일 주소, 신용카드 번호 외에 신체적 · 생리학적 · 유전자적 · 정신적 · 경제적 · 문화적 · 사회적 고유성에 관한 요인 등도 포함되어 있습니다.

데이터의 "처리"와 "이전"

GDPR은 개인 데이터의 "**처리**"와 "**이전**"에 대해 충족시켜야 할 법적 요건을 규정하고 있습니다. "처리"란 개인 데이터에 대해서 행해지는 작업이라고 생각하면 알기 쉬울 것입니다. 개인 데이터의 취득, 기록, 편집, 보존, 변경 이외에 개인 데이터 목록(리스트)의 작성 및 정렬 등도 "처리"에 포함됩니다(**그림 7-9**).

한편 "이전"은 EEA(European Economic Area, 유럽 경제 지역) 영역 밖으로 송부하는 것입니다. 예를 들면, 개인 데이터를 포함한 문서를 메일로 EEA 영역 밖으로 송신하는 것, EEA 영역 내에 설치된 서버에 EEA 영역 밖으로부터 접속하는 것 등을 들 수 있습니다. GDPR에서는 EEA 영역 내에서 취득한 개인 데이터를 EEA 영역 밖으로 "이전"하는 것을 원칙적으로 금지하고 있습니다.

그림 7-7	GDPR을 위반한 경우의 벌금

가벼운 경우	최대 기업의 전세계 매출(년간)의 2% 또는 1,000만 유로(약 130억 6천만원) 중 높은 쪽 (※ 집필 시점의 환율로 계산)
명확한 권리침해인 경우	최대 기업의 전세계 매출(년간)의 4% 또는 2,000만 유로(약 261억 2천만원) 중 높은 쪽 (※ 집필 시점의 환율로 계산)

그림 7-8	GDPR에서의 데이터 주체(해당 개인)의 8가지 권리

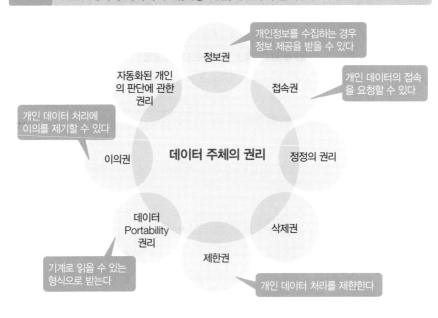

데이터 주체의 권리

정보권 — 개인정보를 수집하는 경우 정보 제공을 받을 수 있다

접속권 — 개인 데이터의 접속을 요청할 수 있다

정정의 권리

삭제권

제한권 — 개인 데이터 처리를 제한한다

데이터 Portability 권리 — 기계로 읽을 수 있는 형식으로 받는다

이의권 — 개인 데이터 처리에 이의를 제기할 수 있다

자동화된 개인의 판단에 관한 권리

Chapter 7

그림 7-9	GDPR에서의 개인 데이터 처리에 있어서의 원칙

적법성, 공정성 및 투명성 원칙	목적의 제한 원칙
개인 데이터의 최소화 원칙	정확성 원칙
보관의 제한 원칙	완전성 및 기밀성 원칙

컴퓨터 사기나 업무방해

부정 송금이나 가상화폐 사취 등의 경우

일반적인 사기는 "사람을 속이는" 행위임에 반해, **컴퓨터 사기**는 "컴퓨터 등 인간 이외의 것을 속이는" 행위입니다. 즉, 컴퓨터 등에 대해서 거짓 정보를 사용해서 서비스를 부정하게 받은 경우 등이 해당됩니다.

알기 쉬운 예로 위조 전화카드를 만들어 통화하는 것 등과 같은 경우입니다. 또, 피싱 사기 등에서 타인을 사칭하여 속인 후 부정 송금을 하거나, 신용카드 정보를 부정하게 이용하여 이익을 얻는 행위 등이 있습니다(**그림 7-10**).

최근에는 가상화폐의 부정한 거래나 사취 등에 대해서도 적용되고 있습니다.

사이버 공격으로 업무를 방해한 경우의 죄

다른 사람의 업무를 방해한 경우에는 위계 업무 방해나 위력 업무 방해 등이 있는데, 컴퓨터를 파괴하거나 데이터를 파괴한 경우에 적용되는 것으로 **컴퓨터 손괴 등의 업무 방해죄**가 있습니다.

여기서 "손괴"라고 되어 있지만, 실제로는 허위 데이터로 위조하거나 부정한 처리를 실행하는 등 컴퓨터의 본래 동작과 다른 처리를 수행시켜서 업무를 방해했을 경우에 적용됩니다.

예를 들어, 서버에 있는 파일을 변경시키거나, DoS 공격 등으로 부하를 높여 사용할 수 없는 상황을 만들거나, 시스템 장해를 발생시키는 등의 행위가 해당합니다(**그림 7-11**). 온라인 게임 등에서 "Cheat 도구"를 사용해 데이터를 변경시키는 행위에 적용된 사례도 있습니다.

그림 7-10 컴퓨터 사기

④ 입수한 ID, 비밀번호로
마음대로 로그인

③ ID 비밀번호를
부정하게 입수

컴퓨터 사기죄

① 피싱 사기 메일
발송

⑤ 부정 송금

**부정 접속
금지법**

② 가짜 사이트인 것
을 모르고 아이디,
비밀번호를 입력

Chapter
7

그림 7-11 컴퓨터 손괴 등 업무방해에 해당하는 예

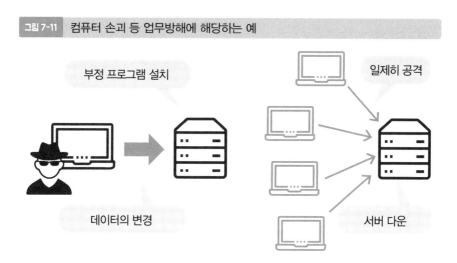

부정 프로그램 설치

일제히 공격

데이터의 변경

서버 다운

저작물의 무단 이용에 주의

모든 저작물은 저작권으로 보호된다

인터넷상이나 서적 등 세상에는 많은 문장이 있지만 남이 작성한 문장을 마음대로 복사해서 자신의 글로써 발표할 수는 없습니다. 이는 문장뿐만 아니라, 음악이나 화상, 프로그램 등에서도 마찬가지로 저작권으로 보호되고 있습니다.

저작권은 저작물을 창작한 시점에 자동으로 발생하며, 따로 신고가 필요하지 않습니다. 따라서 마음대로 타인의 저작물을 사용하면 저작권 침해가 됩니다.

좀 더 자세히 말하면, 저작자가 갖는 권리에는 **저작자 인격권과 저작권**(저작재산권) 2가지가 있습니다(**그림 7-12**). 저작자 인격권은 마음대로 작품을 변경되거나 일부만 빼내지 않도록 보호하는 권리로 저작자만 가질 수 있는 권리입니다.

한편, 저작재산권은 저작자가 그 작품으로 생계를 유지할 수 있도록 재산으로 볼 수 있는 권리이며, 그 일부 또는 전부를 양도하거나 상속받을 수 있습니다.

다른 사람의 저작물을 이용하고 싶은 경우

자신의 작품으로 하는 것이 아니라, 타인의 저작물을 타인의 것으로 하여 약간만 이용하고 싶은 경우가 있습니다. 이러한 경우에 그 저작물을 이용하지 못하게 된다면 불편하고, 그렇다고 저작권자에게 승인을 얻는 것도 쉽지 않습니다.

그래서 일정한 조건에 있어서, 저작권자의 승낙을 받지 않아도 이용할 수 있는 경우가 있습니다. 예를 들어, 학교 수업에서 이용이나 개인적인 사용을 위한 복제는 허용되고 있습니다. 또한 일정한 범위 안에서의 "인용"이라면, 규칙을 따르고 있는 상태라면 저작권자의 허가 없이 이용이 가능합니다(**그림 7-13**).

덧붙여 저작물 중에는 재이용을 쉽게 하기 위해 **크리에이티브 · 커먼즈**(Creative · Commons)를 사용하고 있는 경우가 있습니다. 크리에이티브 · 커먼즈에서는 작품을 고쳐서 바꾸거나 상업적 이용 등 허가하는 내용을 저작자가 지정합니다. 여기서 인정되고 있는 범위라면 저작물을 자유롭게 사용할 수 있습니다.

그림 7-12　지적재산권의 분류

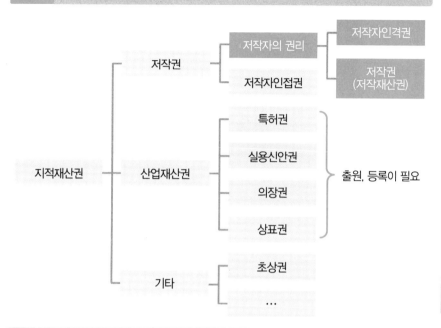

그림 7-13　인용하는 경우의 규칙

인용할 필요성이 있는 것

· 본문과 관계없는 것은 금지

인용한 부분이 일부일 것

· 대부분이 인용으로 구성되는 것은 금지

마음대로 바꾸지 말 것

· 오자나 탈자를 마음대로 수정하는 것은
  금지

**인용하고 있는 부분이
명확하게 구별되어 있을 것**

· 이용자가 인용 부분을 판단할 수 없는 것은 금지
  예) 괄호로 묶다, 단락을 구분하다

인용할 저작물의 출처를 명시해 둘 것

· 인용 출처를 모르는 것은 금지
  예) 서적의 경우는 저자명이나 제목, 출판사명 등
  예) 웹 페이지의 경우는 사이트명과 URL 등

Chapter
7

색인

한글

그림으로 배우는 보안 구조

1판 1쇄 발행 2020년 4월 10일
1판 4쇄 발행 2024년 10월 31일

저   자   마스이 토시카츠
역   자   양성건
발 행 인   김길수
발 행 처   (주)영진닷컴
주   소   서울특별시 금천구 디지털로9길 32
             갑을그레이트밸리 B동 1001호(우)08512
등   록   2007. 4. 27. 제16-4189호

ⓒ2020. (주)영진닷컴

ISBN 978-89-314-6197-8